KB234974

사람의 마음을 사로잡는
호감의 기술

우에니시 아키라 지음
박현석 옮김

동해출판

머리말

저는 지금까지 삶의 보람을 창조하거나 소망을 이루기 위한 비결을 설명한 인생론에 관한 책을 다수 저작했습니다. 그중에서도 머피의 법칙을 도입한 책은 그 어느 것도 평이 좋았던 것 같습니다. 하지만 제아무리 적극적으로 생각하고, 행동하고, 낙천적으로 생각하고, 긍정적인 사고를 되풀이한다 하더라도 인간 관계를 무시하거나 다른 사람들에게 미움을 받는다면 그 어떤 일도 제대로 풀리지 않습니다.

어떤 성공이라 하더라도 그 기회는 타인에 의해서 생겨나는 것입니다. 그렇기에 삶의 보람을 찾거나 소망을 실현하기 위해서는 많은 사람으로부터 호감을 받는 것이 전제되어야 합니다.

이 책은 그런 시점에서 '어떻게 하면 많은 사람들로부터 호감을 받을 수 있을까', '어떻게 해야 타인에게 호감을 줄 수 있을까', '인맥을 넓히기 위해서는 어떻게 해야 하는가', '인간 관계에 트러블이

발생했을 때 어떻게 해결해야 하는가' 등을 머피의 법칙을 표제어로 간결 · 명료하게 밝힌 것입니다.

'머피'란 사람의 이름입니다. 그는 미국 크리스트 교의 목사로 종교 사상과 정신과학을 결합한 새로운 사상인 '뉴 써트(New Thought)' 이론을 주장한 저술가, 교육가, 강연가로서 세계적으로 유명한 사람입니다.

이 머피 박사의 말에는 굉장한 힘이 있어서 많은 사람들로부터 오랜 기간 동안 지지를 받아 왔습니다.

본서에서는 이 머피 박사의 말과 함께 사람들에게 호감을 주기 위한 방법을 소개해 놓았습니다. 다른 사람들이 호감을 갖게 되면 인간 관계를 원활하게 유지할 수 있게 됩니다.

인간 관계만 좋아진다면 그 다음은 소망의 힘과 노력에 의해서 우리들은 자신이 생각한 대로의 인생을 보낼 수 있게 되는 것입니다. 그리고 그것은 결코 꿈과 같은 이야기가 아닙니다.

이 책을 통해 해서 모든 분들이 사람들에게 사랑 받는 행복한 인생을 보낼 수 있게 되기를 진심으로 바랍니다.

_우에니시 아키라植西 總

제2장 | 호감을 사기 위한 테크닉 1단계

제3장 | **호감을 사기 위한 테크닉 제2단계**

타인의 자기중요감을 높여주자

제4장 | 호감을 사기 위한 테크닉 제3단계

상대의 마음을 읽고 기쁨을 주도록 하자

제5장 │ 호감을 사기 위한 테크닉 제4단계

이렇게 하면 상대의 심금을 울릴 수 있다

제6장 | 호감을 사기 위한 테크닉 제5단계

인간 관계의 트러블은 이렇게 해결한다

제1장

사람들에게 호감을 받으려면
여기에 주의!

찬스를 만들기 위해서는

행복·비약·발전·성공을 원한다면
우선 사람들에게 호감을 주는 사람으로 변신해야 합니다.
주위 사람들이 호감을 갖고 있으면 그만큼 기회가 많아짐을 뜻합니다.

"출세·승진을 거듭해 고액 연봉을 획득하고 싶다."

"직장 생활을 정리, 독립해서 사업가로서 성공하고 싶다."

"멋진 남자를 만나, 결혼해서 행복한 가정을 이루고 싶다."

등 모든 일이 잘 풀려나가기를 바라는 게 세상 사람들의 한결같은 소망입니다.

머피 박사는 이런 소망들을 성취하기 위한 조건으로, 잠재의식의 메커니즘을 파악한 후 거기에 플러스적인 사고를 입력하는 것이 중요하다고 주장했습니다. 하지만 한편으로는 행복·성공을 위한 기회는 그 사람의 삶의 방식에 의해 찾아오는 것이라고 지적했습니다.

샐러리맨은 어째서 출세가 가능한 것일까요? 그 이유는 바로 당신의 능력을 인정해 주고 이끌어 주려는 상사가 있기 때문입니다. 사업가도 마찬가지. 당신의 뛰어난 아이디어와 능력을 높이 사서 응원·협력해 주는 사람이 있기 때문에 커다란 성과를 기대할 수 있는 것입니다.

이성異性과의 만남도 예외는 아닙니다.

'좋은 사람이 있는데 선보고 싶은 마음 없니?', '한 번 만나 보지 않을래? 라고 말해 주는 사람이 있기 때문에 당신은 운명적인 만남을 이룰 수 있는 기회가 늘어나게 되는 것입니다.

이렇게 생각하면 당신에게 호감을 갖고 있는 사람이 주위에 많으면 많을수록 당신은 행복과 성공을 이룰 기회가 보다 많아진다고 할 수 있는 것입니다.

그와는 반대로, 주위 사람들에게 반감이나 원한을 살 만한 일을 반복하고 있다면 당신은 타인의 원조·협력을 얻을 수가 없습니다. 따라서 언제까지나 행복이나 성공과는 인연이 없는 인생을 보내야 하는 꼴이 되고 말 것입니다.

그리고 무엇보다도 그런 마음 자세라면 혹시 스스로의 힘으로 멋진 이성과 만났다 하더라도, 상대는 당신에게 인간적인 매력을 느끼지 못하고 곧 당신을 차버리게 될 것은 뻔한 일입니다.

그렇다면 우리들은 한시라도 빨리 사람들에게 호감을 주는 사람으로 변신해야 할 필요가 있는 것 아닐까요?

긍정적인 마음

지금, 오늘 어떻게 생각하느냐 하는
마음 자세에 따라 그 사람이 인생이 달라집니다.

머피 박사의 황금률에 다음과 같은 말이 있습니다.

"좋은 일을 생각하면 좋은 일이 일어납니다. 나쁜 일을 생각하면 나쁜 일이 일어납니다."

하지만 박사의 이 말을 명심하고 끊임없이 좋은 생각을 했음에도 불구하고 '소망이 조금도 이루어지지 않았다', '상황이 조금도 좋아지질 않는다' 라고 탄식하는 사람들이 끊이질 않습니다.

인간 관계에서도 마찬가지입니다. '좋은 쪽으로 생각하

려 하고 있지만 아직도 직장 사람들과의 관계가 삐걱거리고 있다', '그(그녀)와 연결될 것을 간절히 원했지만 결국 차이고 말았다' 라고 말하는 사람도 적지 않습니다.

그러면 좋은 일이 일어나도록 염원했는데도 어째서 반대의 현상이 일어나는 것일까요?

그것은 그 사람의 생각에, 즉 마음 자세에 문제가 있기 때문입니다. 국어사전에도 있듯이 염원한다는 것은 마음속으로 비는 일 자체만을 말하는 것이 아닙니다. '언제나 마음에 두고 생각하는 것' 을 가리키는 말입니다. 염원하다의 '염念' 은 글자 그대로 '지금今' 에 '마음心' 이라고 쓰는 것입니다.

그리고 머피 박사는 '지금(하루 24시간)의 마음을 좋은 상태로 유지하는 것이 중요하다' 라고 강조하고 있습니다. 결코 '자신이 되고 싶은 사람이나 이상적인 미래상을 그리십시오', '좋은 일이 일어나도록……이라고 비십시오' 라고 말하고 있는 것이 아닙니다.

물론 소망을 선명하게 머릿속에 그리는 것도 중요합니다. 그렇게 하면 자신의 생각이 상념으로 전환되어 잠재의식 속으로 입력되기 때문입니다. 하지만 아무리 간절히 원하여도 다른 한편으로 부정적, 비관적인 생각을 하고 있다면 이도저도 되지 않을 것입니다. 자동차 운전에 비유하자면 브레이크를 밟으면서 액셀러레이터를 밟는 것과 같은 것으로 이래서는 앞으로 전진할 수 없습니다.

인간 관계도 이와 같습니다. 당신이 아무리 사람들에게 호감을 주려고 하더라도 평소 당신의 마음 상태가 부정적이라면 그 마음이 무의식중에 말과 행동으로 나타나게 되어 결국에는 '얄미운 녀석', '저 사람 옆에 있으면 불쾌해진다' 라는 인상을 상대에게 주게 되는 것입니다.

그러면 부정적인 마음의 상태는 어떻게 해야 개선할 수 있을까요?

부정적인 마음

인간 관계에 있어서 불화의 원인은
대부분의 경우, 상대에 있는 것이 아니고 자신에게 있습니다.
먼저 자신의 마음을 점검해 보십시오.

사람들에게 호감을 사려 해도 평소의 마음 상태가 부정적이라면 역효과가 난다고 말했습니다. 그러면 부정적인 마음이란 일반적으로 어떤 상태를 말하는 것일까요?

여기서 '정말 싫어……', '영 호감이 가질 않는단 말이야'라고 생각하고 있는 사람의 얼굴을 떠올려 보십시오. '지금은 없는데……'라고 생각하는 사람들은 학생 시절로 되돌아가 생각해도 좋습니다. 잠시 눈을 감고 생각해 보십시오.

어떻습니까? 호감이 가지 않는 사람, 미워하고 있는 사람의 얼굴이 조금씩 떠오르고 있습니까?

다음으로 그 사람의 어떤 점이 싫은지 생각해 보십시오.

"사람을 만나면 비꼬거나 잔소리만 늘어놓는다."

"이기적으로 자기 생각만 하고 다른 사람 생각은 전혀 하질 않는다."

"술만 마시면 투덜대며 불평불만을 늘어놓는다."

"상식이 없고 도덕적이지 못하다."

등 여러 가지를 생각할 수 있겠지만 당신이 지적한 '상대의 미운 점' 이야말로 이 책에서 말하는 부정적인 마음의 상태를 나타내는 것입니다.

그렇다면 다른 사람의 행동을 보고 자신의 행동을 되돌아보라' 는 말과 같이 '그 사람이 싫다', '그 사람은 불쾌감을 준다' 라는 말을 당신 자신도 조심하고 늘 마음에 두어야 할 것입니다. 얼굴을 마주하면 언제나 불평불만을 토로하는 동료에게서 불쾌감을 느낀다면 당신 자신은 불평불만을 토로하는 것을 삼가도록 해야 할 것입니다. 자신의 자랑만 하고 싶어하는 상사에게 혐오감을 느낀다면 당신 자신은 동료나 부하에게 자랑 하지 않도록 늘 신경을 써야 할 것입니다. 이렇게 할 때만이 당신은 비로소 다른 사람으로부터 미움을 받지 않게 되는 것입니다.

그렇지만 미움 받는 사람의 부정적인 마음의 상태도 사람에 따라서 각각 다른 것으로 여러 이유가 있습니다.

그래서 다음 항목부터는 미움 받는 사람들의 부정적인 마음 상태에서 공통적으로 나타나는 점을 분석하고 그에 따른 개선 방법에 대해 말하려고 합니다.

불평 · 불만

결코 불평 · 불만을 토로해서는 안 됩니다.
불행을 부르는 주문과도 같은 것입니다.

"이렇게 열심히 일하고 있는데도 상사는 조금도 그것을 알아 주지 않는다."

"업무량에 비해서 월급이 적다. 야근 수당도 제대로 나오질 않는다."

"매일 차만 끓이라고 하고 복사만 시키기 때문에 일이 재미가 없다."

다른 사람에게 미움을 받는 사람들의 특징 중 하나가 이와 같이 누구를 보더라도 불평 · 불만을 토로한다는 것입니다.

그렇습니다. 다른 사람에게 불평·불만을 토로하면 틀림없이 그때는 마음이 편해질지도 모릅니다. 스트레스도 어느 정도는 해소될 것입니다. 하지만 그것을 들어야 하는 사람은 정말 견디기 힘들 것입니다.

생각해 보십시오. 당신의 친구인 A씨가 당신과 만날 때마다 불평·불만을 토로한다면 'A의 얘기를 듣고 있으면 나까지 기분이 우울해진다' 라고 생각하게 되지는 않을까요? 결국에는 A씨로부터 '같이 식사하지 않을래?' 라는 전화가 걸려와도 '미안, 오늘 야근이야' 라든지 '이번 주는 좀 바쁜데 다음에 같이 먹자' 라는 등 거절할 구실을 찾게 될 것입니다. 그렇다면 당신도 그와 같은 행동을 삼가야 할 것입니다.

그리고 불평·불만만을 토로하면 자신이 말한 대로 인생은 더욱 더 마이너스 방향을 향해 기게 될 것입니다. 왜냐하면 자신이 한 말은 음성音聲으로서 자신의 귀로 들어가기 때문에 일종의 자기암시와 같은 잠재의식에 입력되기 때문입니다.

이같은 일에 짚이는 부분이 있는 사람은 불평·불만을

토로하는 것을 최대한 피하도록 주의해야 하며 그 대신 상대가 힘을 얻을 수 있는 말, 유쾌해질 수 있는 말을 자주 해 주십시오(자세한 것은 제2장에서 해설).

'당신이 하는 말이 조금만 어긋나도 맹독이 되는 것입니다' 라는 것은 머피 박사의 말입니다.

당신이 무의식중에 한 부정적인 말이 당신도 모르는 사이에 타인에게 상처를 입히는 동시에 당신의 마음에도 악영향을 미치고 있다는 사실을 부디 잊지 말아 주십시오.

다른 사람의 험담

다른 사람에 대한 중상모략과 비방만큼
무서운 것은 없습니다. 자칫 잘못하면 그것이 원인이 되어
당신은 불행을 부르게 될지도 모르기 때문입니다.

지인知人으로부터 들은 이야기입니다.

B씨는 대학졸업 후 한 대기업에 입사, 이후 순조롭게 엘
리트 코스를 달려왔지만, 어떤 사건으로 인해 그곳으로부
터 이탈하게 되었습니다.

어느 날 상사인 C과장과 함께 중요 거래처의 D부장을
접대하게 되었는데, 그 자리에서 B씨가 D부장을 화나게
해서 거래가 깨지고 말았습니다.

D부장이란 사람은 술버릇이 나쁘기로 유명해서 술에 취

하면 언행이 난폭해지는 경향이 있었습니다. D부장을 몇 번 접대해 본 경험이 있는 C과장이 B씨에게 사전에 그 사실을 전하며 'D부장이 술에 취해서 트집을 잡더라도 적당히 넘기도록' 하며 어드바이스한 것까지는 좋았습니다. 그런데 술자리에서 생각지도 못했던 일이 벌어지고 말았습니다.

B씨는 C과장이 D부장을 상대하고 있는 틈에 분위기를 봐서 화장실에 다녀오려고 자리를 떴는데, 도중에 가게 사람에게 이런 불평을 털어놓았던 것입니다.

"내 참, 더러워서. 저런 술주정뱅이를 접대해야 하다니 정말 한심해요. 상대가 거래처의 부장이라 참는 거예요. 큰 소리로 거드름을 피우질 않나 품격이라고는 눈곱만큼도 없어요. 뭐 저런 사람이 다 있죠?"

가게 사람이 부드럽게

"손님, 거래처의 손님에 대해서 그렇게 심한 말을 해서는 안 됩니다."

라고 B씨에게 주의를 환기시켰을 때는 이미 엎질러진 물이 되어 버렸습니다. B씨의 뒤를 따라 자신도 화장실에 가려고 한 D부장이 마침 바로 옆에 서 있었기 때문입니다.

그 다음 일은 당신도 충분히 상상할 수 있을 것입니다. 거의 성사 단계에 있었던 대형 계약은 일순간에 깨지게 되었고 D부장은 '두 번 다시 당신 회사와 거래하지 않을 거요'라며 거래 정지를 선언하게 된 것입니다.

그로 인해 B씨는 문책을 받아 지방에 있는 계열사로 발령을 받게 되었고 지금까지 밟아왔던 엘리트 코스에서 완전히 제외되게 된 것입니다.

B씨의 경우 그저 운이 나빴다라고 말해 버린다면 그것으로 그만이지만 좀더 다른 관점에서 생각해 본다면 커다란 교훈을 얻을 수 있을 것입니다.

그것은 다른 사람의 중상모략, 비방은 백해무익한 것일 뿐만 아니라 자칫 잘못하면 그것이 원인이 되어 자신의 불행을 초래할 수도 있게 된다는 것입니다.

그렇기 때문에 당신도 다른 사람의 험담을 하거나 뒤에서 수근거리는 것을 삼가야 합니다. B씨의 실패담에서 알 수 있듯이 언제, 어디서, 누가 듣고 있을지 모르기 때문입니다. 그것이 원인이 되어 지금까지 당신에게 호감을 갖고 있던 사람이 일변해서 당신에게 적의를 품게 될지도 모르기 때문입니다.

다른 사람의 험담만을 늘어놓는 사람은 주위로부터 경계를 받게 됩니다.

저는 전에 지인 T씨로부터 N이라는 번역가를 소개받은 적이 있었습니다.

"이 사람 별로 일이 없는데 어떻게 일거리를 좀 소개해 주실 수 없겠습니까?"

평소에 친하게 지내던 T씨의 부탁이었기에 처음에는 저도 N씨를 위해서 최선을 다해 보려고 했었지만 N씨와 몇 번 만나면서 그를 경계하게 되었습니다.

왜냐하면 'T씨를 통해서 들어오는 번역 일은 단가가 너무 낮아 수지가 맞질 않는다', 'T씨는 너무 신경질적이어서 같이 일을 하기가 힘들다', 'T씨는 굉장한 골초로 그의 사무실에 가면 담배 연기로 가득 차 있다. 거기서 일하고 있는 직원들이 불쌍하다' 라는 등 소개자인 T씨의 험담만 늘어놓기 때문이었습니다.

나는 이런 생각을 하지 않을 수 없었습니다.

"N씨를 내게 소개한 사람이 다름 아닌 T씨다. 그런데도 이 사람은 소개해 준 사람의 험담만을 늘어놓고 있다. 도움을 준 사람의 험담을 하는 사람은 믿을 수가 없다."

N씨에게는 대단히 미안한 일이지만 나는 N씨에게 일거리를 소개시켜 주는 것을 줄이기로 했습니다. 그 어떤 이유가 있다 하더라도 일거리를 소개해 준 사람의 험담을 늘어놓는 사람은 믿을 수가 없기 때문입니다.

또, 다른 사람의 험담·중상모략·비방까지는 아니더라도 '우리끼리니까 말인데……' 라든지 '절대로 다른 사람에게는 말해서는 안 돼' 라며 뒤에서 수근거리기를 좋아하는 사람도 다른 사람에게 미움을 받기 쉬우므로 주의할 필요가 있습니다.

있는 말, 없는 말로 무슨 일이든지 말하기 좋아하는 사람에 대해서 다른 사람들은 '이 사람은 입이 가볍다. 쓸데없이 비밀을 털어놓았다가는 순식간에 퍼져나갈 것이다' 라고 생각하게 되어 경계심을 갖게 되고 마음을 닫아버리고 맙니다.

따라서 상대에게 경계심을 풀게 하고 호의를 갖게 하려면 다른 사람에 대한 험담·중상모략·비방·수근거림을 절대로 해서는 안 됩니다.

그렇게 할 때만이 비로소 상대가 당신에게 안도감을 갖게 될 것이고 서로에게 신뢰감을 가져다 줄 것입니다.

변명 삼매경

인간 관계로 고민하고 있는 사람에게 저는 다음과 같은
조언을 하는 경우가 많습니다.

"상대가 그 누구라 하더라도 자신에게 잘못이 있을 때는
필요 이상의 변명을 해서는 안 됩니다"

제가 이렇게 말하는 데는 나름대로 이유가 있기 때문입
니다.

어째서일까요? 모르는 사람이 의외로 많은 것 같은데 변
명이라는 것은 일이 풀리지 않은 이유, 실패한 이유, 불가

능했던 이유의 나열에 지나지 않는 것으로 상대에게는 불쾌감만 주는 것이기 때문입니다.

가장 일반적인 변명 중의 하나인 지각에 대한 예를 들어봅시다.

대부분의 사람들은 '죄송합니다. 사고 때문에 지하철이 많이 늦어져서……' 라는 식으로 상사에게 보고합니다.

하지만 이것은 오히려 역효과를 부를 뿐입니다.

왜냐하면 '사고가 일어나더라도 출근 시간에 늦지 않도록 시간적인 여유를 갖고 집에서 나오는 것이 샐러리맨의 상식이다' 라고 생각하는 상사의 입장에서 보자면, 자신의 잘못을 지하철이 늦었다는 사실에 책임전가시키고 있다고밖에 보이지 않기 때문입니다.

상사가 명령한 서류 작성이 기한보다 늦어진 경우에도 마찬가지.

"다른 일 때문에 시간이 없어서……."

"컴퓨터 상태가 영 좋질 않아서……."

"감기에 걸려서 몸이 좋질 않아서……."

라는 등의 이유를 늘어놓는 것은 오히려 상사의 감정을 상하게 할 뿐입니다.

그러면 그럴 때는 어떻게 대응해야 할까요?

"죄송합니다. 다음부터는 조심하겠습니다."

이 한마디로 충분합니다. 다시 말하자면, 어떤 이유가 있다 하더라도 약속을 지키지 못했을 때나 실수를 했을 때는 변명을 하기보다 반성하고 사과의 뜻을 표하는 것이 중요합니다.

이것은 직장에서뿐만 아니라 연인이나 친구 관계에도 적용되는 말입니다. 어떤 일이 있더라도 당신이 변명을 하면 할수록 상대는 불쾌감을 갖게 된다는 것을 잊어서는 안 됩니다.

오다 노부나가織田信長는 히데요시秀吉의 출세를 질투하는 다른 중신들에게 이렇게 말했다고 합니다.

"내가 어째서 원숭이(히데요시)를 아끼고 있는가 하면, 그는 안 되는 이유가 아니고 할 수 있는 이유만을 생각하고 행동하기 때문이지. 결과적으로 일이 실패로 돌아간다 하더라도 그는 그저 사과만을 할 뿐, 쓸데없는 변명은 늘어놓질 않네. 그런 마음가짐이 마음에 들어서이네."

사람을 깔보는 마음

다른 사람을 쉽게 얕잡아보는 사람은,
다른 사람들이 자신도 얕보고 있다는 사실을 알지 못합니다.
그런 사람은 다른 사람들로부터 미움을 받고 있다는 사실도 모르고
있습니다. 그것은 비극이라고밖에 말할 수 없습니다.

S라는 샐러리맨의 이야기입니다. 그는 일류 국립대학을 우수한 성적으로 졸업했고 일도 척척 잘해내는데 어쩐 일인지 출세의 기회가 영 돌아오질 않았습니다. 어째서일까요?

그는 다른 사람에게 곧잘

"네? 요즘 같은 세상에 운전 면허증도 없단 말이에요? 그럼 어떻게 영업활동을 하고 있단 얘기죠?"

이런 식으로 다른 사람을 얕잡아보는 경우가 있었기 때

문입니다. 실제로 그에게 이런 말을 들은 사람들은 마음이 상해서 곧 그를 상대하지 않게 되었습니다.

이 책을 읽고 있는 당신은 S씨처럼 다른 사람을 얕잡아 보는 말은 절대로 하지 말아 주십시오.

다른 사람을 얕잡아본다는 것은 상대편의 자존심을 상하게 하는 것이기 때문입니다.

생각해 보십시오.

당신이 갖은 고생끝에 컴퓨터로 인터넷을 사용할 수 있게 되어 그 기쁨에 잠겨 있을 때 다른 사람으로부터 '요즘 인터넷 정도는 누구라도 할 수 있는 거야' 라는 말을 들었다면 어떤 기분이 들겠습니까? 틀림없이 불쾌감을 느끼는 것은 물론이고 사람에 따라서는 혐오감마저 갖게 되지 않을까요?

당신도 다른 사람과 대화를 나눌 때 입장을 바꿔서 '이렇게 말하면 상대를 얕잡아보고 있는 것처럼 들리지 않을까?' , '이렇게 말하면 상대가 기분 상해하지 않을까? 라고 끊임없이 반문하도록 주의하십시오.

다른 사람을 얕잡아보면 곧 상대도 당신을 얕잡아보게 되는 것입니다.

해도 괜찮은 말, 해서는 안 될 말

해도 괜찮은 말과 해서는 안 될 말을 구별할 줄 모르는 사람은,
아픔이 가시지 않는 상처를 평생 갖고 있는 것과 같습니다.
그런 사람의 인생이 즐거울 리가 없을 것입니다.

다른 경우를 하나 더 소개하겠습니다.

어떤 홈 파티에서 C라는 여성 때문에 그 파티의 분위기가 한순간에 식어버린 적이 있었습니다.

그 파티에서 마침 혈액형에 관한 이야기기 나왔는데 참석자 중 한 명이 '이 중에서 O형인 사람은 저밖에 없군요'라고 말했습니다. 그러자 무슨 생각에서였는지 C가 갑자기 이렇게 말하는 것이었습니다.

"나는 O형 남자하고는 잘 맞질 않아서 별로 좋아하질 않아요."

그때는 주최자의 친구가 수습을 잘해서 화제를 다른 곳으로 돌렸습니다. 그런데 와인으로 건배를 한 직후 또 다시 '좀 미안한 얘기지만 이 와인 별로 맛이 없네요. 마치 식초를 마시고 있는 듯한 느낌이에요' 라고 그녀는 또 어이없는 이야기를 했습니다. 이번에는 파티에 참석한 사람 전원이 넌덜머리를 내며 한동안 분위기가 식어버렸습니다.

여기서 C의 어떤 점이 좋질 않았는지 당신은 이미 알고 있으리라 생각합니다.

그렇습니다. 다른 사람을 불쾌하게 하거나 파티의 분위기를 망쳐 버리는 말을 했다는 점에 커다란 문제가 있는 것입니다. 그녀의 입장에서 본다면, 혈액형에 관한 이야기도 와인의 맛에 관한 이야기도 단지 자신의 마음을 솔직하게 표현했을 뿐일지도 모릅니다. 하지만 'TPO(Time, Place, Occasion : 시간, 장소, 때에 따라)를 구별해야 한다' 라는 점에 주의를 기울이지 못한 것입니다.

물론 자신의 솔직한 마음을 다른 사람에게 전달하는 것도 중요합니다. 하지만 그 자리에서 말해도 괜찮은 이야기인가, 해서는 안 될 이야기인가에 대해서 생각을 했어야만 합니다.

이 이야기는 결코 특별한 예가 아닙니다.

당신도 'TPO' 를 구별해서 '지금 이런 말을 하면 주위 사람들이 불쾌감을 느끼지 않을까?', '이런 이야기를 하면 분위기가 깨지는 것 아닌가?' 라고 생각하면서 대화를 할 수 있도록 주의해야 합니다.

뿌리 깊은 원망

주의하십시오.
집착이 강하면 상대는 당신으로부터 떠나갑니다.
과거의 일은 흐르는 물에 흘려보내고, 해묵은 원망이나 슬픔을
언제까지고 생각해서는 절대로 안 됩니다.

예전에 한 결혼상담소에서 20대 독신 남녀 천 명을 대상으로 다음과 같은 설문조사를 한 적이 있었습니다.

'어떤 때 애인에게 싫증을 느껴 헤어지고 싶다는 생각을 하게 됩니까?

라는 물음에 의외로 '말다툼을 하는데 지난 이야기를 들먹이며 그때 이랬다, 저랬다, 라고 말할 때' 라는 답이 전체의 30% 가까이 되었습니다.

이렇게 답한 사람의 마음을 잘 알 수 있을 것 같습니다.

이는 애인이나 부부에만 국한되는 것은 아닙니다. 직장에서의 인간 관계에 있어서도 과거의 일을 들먹이며 상대를 이래저래 비난하는 사람은 종종 미움을 받는 경향이 있습니다.

왜냐하면 그런 사람들은 상대의 과거 잘못이나 실패를 끈덕지게 물고 늘어지며 사사건건 그것을 협박 문구처럼 말해서 상대가 상당한 불쾌감을 느끼게 하기 때문입니다.

공과 사, 남녀를 막론하고 당신도 주위 사람들을 한 번 둘러보십시오.

"그때 자네가 그런 어처구니 없는 실수만 하지 않았어도 그 회사와 아직도 거래를 할 수 있었을 텐데……."

"그때 자네가 드라이브 가자고 하지만 않았어도 교통사고는 당하지 않았을 텐데……. 덕분에 고생 좀 했지."

늘 이렇게 말하는 사람들은 주위로부터 미움을 받고 있지 않습니까?

그런 사람들은 일에 있어서도 운이 없고 이성에게도 인기가 없습니다.

그렇다면 그 사람들을 거울삼아 그와 같은 언행은 절대로 삼가야 할 것입니다.

인간인 이상 누구라도 잘못을 범하는 경우는 있습니다. 실패하는 것도 당연합니다. 그런 것들에는 누구보다도 당사자가 가장 예민해져 있습니다.

그렇기 때문에 지난 일을 되풀이해서 말하지 말 것, 상대의 실수나 잘못을 최대한으로 포용할 것. 그렇게 할 수 있느냐 없느냐에 따라 상대와의 관계도 180도로 달라질 것입니다.

머피 박사도 다음과 같이 지적했습니다.

"사람의 과거에는 멋진 추억도 있기 때문에 전부 잊어야 한다고는 말할 수 없지만, 부정적이며 현재와 미래에 긍정적인 영향을 미치지 못하는 과거는 잊어야만 하는 것입니다."

은혜를 베푸는 듯한 태도

은혜를 베풀고 있다는 듯한 태도를 보여서는 안 됩니다.
상대에게 부담감을 갖게 하면 그것만으로도 상대는 당신에게
거부반응을 나타내게 됩니다.

위의 제목에서와 같이 은혜를 베푸는 듯한 태도를 보이는 사람도 미움을 받기 때문에 주의가 필요합니다.

지인에게서 들은 이야기입니다만 몇 년 전에 한 광고회사에서 사원들이 집단 퇴직하는 사건이 있었습니다.

실업자가 증가하고 있는 불경기였음에도 불구하고 어째서 이런 일이 벌어지게 된 걸까요?

실은 이 회사의 사장에게 인격적으로 커다란 문제점이 있었던 것입니다. 이 사장이라는 사람은 언제나 은혜를 베

풀고 있다는 듯한 태도를 보이는 사람으로, 평소에도 무슨 일만 있으면 사원들에게 이렇게 말했다고 합니다.

"자네가 과장이 될 수 있었던 것도 내가 전무였을 때 경력 사원으로 들어온 자네에게 주목하고 있었기 때문이네. 고맙게 생각하게."

"자네가 아파트를 살 수 있었던 것은 내가 보증을 서 주었기 때문일세."

"이번 주 일요일에는 함께 골프장에 가세. 뭐? 다른 일이 있다고? 취소하게. 자네를 팀장에 임명한 건 바로 나야. 그 은혜를 벌써 잊은 건 아니겠지?"

이런 식이라면 사원들도 참을 수 없을 것입니다.

결국 사원 대부분은 스트레스가 쌓이게 되었고 그것이 한꺼번에 폭발하게 되었던 것입니다.

극단적인 예를 소개했지만 이것은 결코 다른 사람의 얘기로만 그치는 것이 아닙니다. 당신의 경우는 어떻습니까? 동료·후배·부하 혹은 친구나 애인에게 이와 같은 태도를 보이고 있지는 않으십니까?

'당신 덕분에 지금의 내가 있을 수 있었다'라는 말에는 아무런 문제가 없습니다. 하지만 '내 덕분에 지금의 당신

이 있을 수 있었다.' 라고 말한다면 상대에게 쓸데없는 부
담감을 느끼게 할 뿐만 아니라, '나를 경계해 주게' 라고
보이지 않는 신호를 보내고 있는 것과 같은 형국이 되고
맙니다.

이기적인 사람

자신의 일만 내세우기에 앞서 상대방의 일도
생각하십시오. 이렇게 남을 배려하는 조그만 마음이 있느냐
없느냐에 따라, 당신에 대한 인상이 크게 바뀔 것입니다.

앞에서 사원들에게 외면을 당한 광고회사 사장의 이야
기를 했는데 실은 그에게는 또 하나의 커다란 문제점이 있
었습니다.

그것은 자기중심적이고 다른 사람을 배려하는 마음이
없다는 것입니다. 앞에서 예를 들었듯이 '이번 주 일요일에
는 함께 골프장에 가세. 뭐? 다른 일이 있다고? 취소시켜'
라는 사장의 말을 소개했는데, 이것은 은혜를 베풀고 있다
는 태도를 보이는 것일 뿐만 아니라 자신의 입장만을 생각

한 폭언에 지나지 않습니다.

사원이 사장의 명령에 응했는지 어땠는지는 정확하지 않지만 '다른 일이 있다'라고 말한 이상 그 사원에게도 다른 일정이 있었을 것입니다.

"일요일에는 애인과 디즈니랜드에서 데이트하기로 했다."

"주말에는 가족과 온천에 가기로 했다."

등, 주말은 자신을 위한 시간을 보내고 싶었을지도 모릅니다.

혹은

"일요일에는 친척의 제사에 가봐야만 한다."

"일요일에는 친구가 이사하는 것을 도와야 한다."

등, 휴일이 아니면 할 수 없는 일이 있었을 수도 있습니다.

이렇게 생각해 본다면 제아무리 상하 관세에 있다 하더라도 그 사장은 '함께 골프장에 가세!'가 아니라 '이번 일요일에 무슨 계획 있나? 혹시 별일이 없다면 함께 골프장에 가지 않겠나?'라고 말해야만 했습니다.

공과 사를 떠나서, 상대가 부하이든 후배이든, 친구이든 애인이든 먼저 상대의 사정을 생각한 뒤에 자신의 사정에 맞춰야만 하는 것입니다. 그렇게 하지 않으면 '제 마음대로 하는 사람이다', '자기 입장만 생각한다' 라고 생각한 상대는 점점 당신으로부터 멀어져 갈 것입니다.

"상황을 판단하여 상대의 마음을 짐작해 보십시오."

라고 머피 박사가 말한 것처럼 당신도 자신의 사정보다도 상대의 입장에 서서 생각하도록 노력해 주십시오.

자화자찬

언제나 자기 자랑을 늘어놓는 사람은,
실은 자신의 가치를 스스로 떨어뜨리고 있다는 사실을
알지 못하고 있는 것입니다.

최근 아사히신문朝日新聞에서 20대 직장인 남녀 3,000명을 대상으로 '동성·이성에 관계 없이 대화를 나눌 때 불쾌감을 느끼게 하는 사람은 어떤 스타일의 사람입니까? 라는 조사를 실시한 결과, 거의 절반에 가까운 사람들이 '끊임없이 자신의 자랑만 늘어놓는 사람'이라고 대답했다고 합니다.

저는 '역시 그렇군……'이라고 생각했습니다.

제 주위에도 자신의 자랑만 늘어놓는 사람이 몇 명 있는

데 그런 사람들을 보고 있으면 '실력은 있는데 출세를 못한다', '몇 번이고 선을 봐도 실패한다' 라는 등 어떤 문제점을 하나씩 갖고 있었기 때문입니다.

38세가 된 치과의사가 있습니다. 외모도 그런 대로 괜찮고 고수입에 독신이라는 말을 들었기에 틀림없이 여자들에게 인기가 좋을 것이라고 생각했는데 그렇질 않았습니다.

"결혼하고 싶습니다만 좀처럼 좋은 상대와 만날 기회가 없어서……."

라고 말하는 것이었습니다. 한 시간 정도 이야기를 하면서 나는 '그 사람이 인기가 없는 이유' 를 아주 잘 알 수 있었습니다.

"영국과 독일에서 유학했었기 때문에 영어와 독일어도 잘합니다."

"즈시葉子에 요트를 보관하고 있는데 관리비만 해도 일년에 백만 엔 이상이나 들어갑니다."

"비행기는 퍼스트 클래스나 비즈니스 클래스만 이용합니다."

라는 식으로 자기 자랑을 늘어놓는 경우가 많았기 때문

이었습니다.

그럼 이 치과의사뿐만 아니라 자신의 자랑만 늘어놓는 사람들은 어째서 다른 사람들에게 미움을 받는 것일까요? 두 가지 이유를 생각할 수 있습니다.

첫째, 자랑을 듣고 있는 사람은 그것이 일에 관한 것이든 취미에 관한 것이든 소유물에 관한 것이든 질투심을 갖게 되기 때문입니다.

생각해 보십시오. 해외 여행을 하고 싶지만 시간과 돈이 없어서 그렇게 하지 못하고 있는 당신에게 '나 파리에 가서 명품들을 많이 사왔어' 라고 자랑스레 말하는 사람이 있다면 당신은 어떤 기분이 들겠습니까? 그 사람이 파리에서 쇼핑을 즐기고 왔다는 사실을 순수하게 기뻐해 줄 수 있겠습니까? 아마도 부러움을 느끼기보다는 상대의 자랑에 넌덜머리를 내며 '뭐야. 혼자서만 좋은 데 갔다와서……' 라는 질투심을 일으키게 되지는 않을린지요?

이것은 당신의 평소의 언행에도 적용할 수 있는 말입니다. 그렇기 때문에 당신도 '이런 말을 하면 상대가 질투심을 느끼지 않을까?' 라고 생각되는 말은 삼가도록 하십시오.

둘째, 자기 자랑을 늘어놓음으로써 그것을 듣고 있는 사람의 자존심을 상하게 한다는 점을 들 수 있습니다.

그것도 입장을 바꿔서 당신의 감정에 대해 생각하면 쉽게 알 수 있습니다.

예를 들어, 당신이 고생에 고생을 거듭한 끝에 일상생활에서 불편을 느끼지 않을 정도로 영어를 마스터했다고 합시다. 그런데도 불구하고 전에 이야기했던 치과의사는 아니지만, 어떤 사람이 '요즘 세상에 영어를 못한다는 건 말도 안 되지. 나는 독일어도 문제없어' 라고 자랑하듯 말한다면 어떤 기분이 들겠습니까? 틀림없이 자존심이 상할 것이고 혹은 콤플렉스마저 갖게 될지도 모릅니다. 그 때문에 상대를 멀리하려고 할지도 모릅니다.

그렇다면 당신은 상대의 자존심을 상하게 하는 말을 삼가야 할 것입니다.

제3장에서 말하겠지만 상대의 자존심을 높여주는 말을 하는 것이 중요합니다. 그렇게 할 때만이 비로소 사람들은 당신에게 호감을 갖게 될 것입니다.

감정의 기복

몇 년 전에, 조그만 회사를 경영하고 있는 T씨가 이런 고민을 털어놓는 것을 들은 적이 있었습니다.

"결코 월급을 적게 준다고는 생각하지 않는데 사원들이 좀처럼 오래 있어 주질 않고 바로 그만두기 때문에 어려움을 겪고 있습니다. 뭔가 좋은 개선책이 없겠습니까?"

"실은 우리 회사는 저 이외에 사원이 2~3명밖에 되지 않는 아주 작은 회사입니다. 그런 영세업체라서 사람들이 오래 있어 주질 않는 걸까요?"

저는 그 이유를 즉석에서 감지할 수 있었습니다.

T씨의 회사가 영세하기 때문이 아니었습니다.

그는 감정의 기복이 심한 사람으로, 일이 자기가 생각한 대로 진행되지 않으면 다른 사람에게 불평을 하거나 화풀이를 하는 경향이 있었고, 사원들은 그 때문에 피해를 보고 있었던 것 같았습니다.

그것을 T씨에게 확인한 결과 역시 사소한 일로 사원들에게 화풀이를 하곤 했던 것 같았습니다. 신출내기 사원이 일이 손에 익지 않아 어리둥절해하고 있으면 '어이, 그만한 일을 하는 데 몇 시간이 걸리는 거야? 우리는 견습생 양성소가 아니란 말야. 자네에게 월급을 지급하고 있다는 사실을 잊지 말아 주게' 라며 폭언을 내뱉고 있는 것 같았습니다.

이래서는 사원이 부담을 느끼게 되고 기분이 상하게 되는 것은 뻔한 일입니다.

그런가 하면 기분이 좋을 때는 갑자기 돌변하여 '어때? 오늘 회식이라도 하지 않을래? 내가 내지' 라고 말하는 것 같았습니다.

즉, 사원의 입장에서 보자면 언제나 사장의 감정에 휘둘

려 사장의 눈치를 봐야 하는 상황이 계속되기 때문에 그것
에 피곤함을 느끼고 결국에는 퇴사를 생각하게 되는 것이
었습니다.

이대로라면 악순환의 연속으로 아무리 시간이 흘러도
길게 있어 줄 사원이 나타나지 않을 것은 불을 보듯 훤한
일입니다.

그래서 저는 T씨에게 다음과 같은 충고를 했습니다.

"지금부터는 사원들 앞에서 희로애락의 감정을 될 수 있
으면 드러내지 않도록 노력해 보시면 어떻겠습니까? '이런
식으로 말을 하면 사원에게 부담이 가지 않을까?', '이런
언행을 보인다면 사원들은 눈치만 보게되는 것 아닐까?
등 하나하나 상대와 입장을 바꿔서 생각하면서 사원들을
접하도록 해보시면 어떻겠습니까?'

그후 T씨는 자신의 행동을 깊이 반성하고, 희로애락의
감정을 사원들 앞에서는 될 수 있으면 드러내지 않도록 한
결과 점점 사원들이 오래 있게 되었다고 합니다. 사실 이런
사람들이 우리 주위에 상당히 많은 편입니다.

당신도 '부하가 따라주질 않는다', '친절하게 대하고 있
는데도 후배가 따라주질 않는다' 라는 등의 문제로 고민을

하고 있지는 않습니까? 그렇다면 먼저 자신을 돌아봐 주십시오. 아랫사람들에게 필요 이상으로 희로애락의 감정을 드러내고 있지는 않습니까? 만약 짚이는 것이 있다면 바로 고치도록 하십시오.

아랫사람들은 아주 심한 경우가 아니고서는 윗사람을 거스르지 못합니다. 따라서 당신이 감정을 그대로 드러내면 드러낼수록 상대는 더욱 더 위축되어 당신에게 마음을 닫아버리게 되는 것입니다.

인간에게는 '신경쓰지 않으면 안 되는 사람으로부터 멀어지고 싶어한다' 라는 심리작용이 있다는 것을 잊지 말아 주십시오.

화풀이

앞에서 희로애락의 감정을 격렬하게 드러내면 상대로부터 미움을 받는다고 말했는데, 그보다 더 좋지 않은 것이 한순간 열탕기처럼 금방 끓어올라 화를 내는 스타일의 사람입니다. 이런 사람은 남녀노소를 불분하고 대하기가 힘듭니다. 이쪽에서 아무리 냉정하게 대화를 하려고 마음을 써도 그에 응하려 들지 않기 때문입니다.

하지만 긴 안목으로 본다면 이런 사람들은 상당한 손해를 보고 있는 것입니다. '저 사람은 화를 잘낸다' 라는 인상을 다른 사람에게 주게 되면 그들은 경계심 때문에 당신에게 접근하려 들지 않기 때문입니다.

그런데 만약 당신이 이렇게 화를 잘내는 성격이라면 다음의 두 가지를 명심해 두도록 하십시오.

하나는 '화'라는 감정이 오르기 시작할 때는 상대의 입장에서 상황을 생각하도록 해야 한다는 것입니다.

흔히 있을 법한 예를 들어 보기로 하겠습니다. 예를 들어 애인이 데이트 약속 시간보다 15분 정도 늦게 왔을 때, 무의미하게 자기의 감정을 드러내기만 하는 것이 아니라 '틀림없이 회의가 길어져서일 거야', '길이 아주 많이 막히고 있는지도 몰라'라고 생각하도록 하는 것입니다. 이렇게 생각하면 자신도 모르는 사이에 화가 가라앉고 애인을 걱정하는 마음까지 솟아오르게 될지도 모릅니다. 거기에 '오늘도 수고 많았어요', '운전 힘들지 않았어?'라는 말을 자연스럽게 한다면 최고의 결과를 낳을 수 있습니다. 상대는 당신에게 더욱 더 호감을 갖게 될 것입니다.

다른 하나는 상대가 한 말에 대해서 무턱대고 반발을 하거나 화를 내는 것이 아니라 상대의 심리상태를 분석·파악한 뒤에 대응해야 한다는 점입니다. 예를 들어 '응? 네가 금연을 시작했다고? 어차피 작심삼일로 끝나버리는 거 아니야? 라는 말을 들으면 무시당했다고 생각하기 때문에 화를 내게 됩니다. 그러나 '반농담으로 말한 것일 거야' 라고 생각한다면 그다지 화가 나지는 않을 것입니다. 그런 때에 오히려 '아니, 최소 일주일은 버텨보겠어' 라는 식으로 농담을 섞어가며 대답할 수 있는 여유가 필요한 것입니다.

이와 같이 한편으로는 무의미하게 보이는 대화가 그 자리의 긴장감을 완화시켜 주며 커뮤니케이션을 원활하게 해줍니다.

강요하는 듯한 태도

다른 사람을 끈질기게 물고 늘어지는 것은 삼가합시다.
당신의 자아·욕구를 끊임없이 상대에게
강요하는 결과가 되고 말기 때문입니다.

디자인 사무소를 운영하고 있는 야마다山田 씨의 이야기입니다. 몇 년 전, 그의 사무실로 친구인 노가미野上 씨로부터 소개를 받았다며 미치코美智子라는 여성으로부터 '저는 프리랜서로 디자인 일을 하고 있습니다만 요즘에는 불황으로 일거리가 거의 없습니다. 제가 관여했던 디자인의 샘플을 보내겠습니다. 보시고 일거리를 좀 주셨으면 합니다만……' 라는 전화가 걸려왔습니다. 노가미 씨의 소개라고 하기에 야마다 씨는 처음에는 '알겠습니다' 라고 대답했습니다. 하지만 문제는 그 다음이었습니다. 미치코 씨로부터 하루에도 몇 번씩 다음과 같은 전화가 걸려왔다고 합니다.

"일전에 디자인 샘플을 보내드렸는데 받아 보셨는지 모르겠습니다. 감상은? 혹시 마음에 드셨다면 하루라도 빨리 일거리를 받고 싶습니다만……."

야마다 씨는 그때마다 '지금 좀 바쁜 시기라 아직 당신의 그림을 자세히 살펴보질 못했습니다. 시간을 봐서 이쪽에서 전화를 드리겠습니다. 그때까지 조금만 더 기다려 주십시오' 라고 대답을 했다고 합니다. 하지만 좋은 말을 하는 데도 한계가 있는 법. 그 다음 날 또 다시 같은 내용의 전화를 받은 야마다 씨는 전화에 대고 이렇게 소리지르고 말았다고 합니다.

"적당히 좀 하세요. 도대체 똑같은 말을 몇 번이나 하게 하는 겁니까? 아무리 노가미 씨의 부탁이라 하더라도 당신에게는 일거리를 줄 수 없습니다."

무엇 때문에 야마다 씨가 미치코 씨에게 화를 냈는지 당신도 이미 잘 알고 있으리라 믿습니다. 자신이 만족할 만한 대답을 듣기 위해서 미치코 씨는 몇 번이고 같은 내용의 전화를 끈질기게 했기 때문입니다.

의외로 잘 모르고 있는 사람들이 많은 것 같아 위의 예를 계기로 충고를 하나 하자면, 상대에게 끈질기게 매달리는 것은 자신의 욕망이나 자아를 끈질기게 강요하고 있는 것 외에 아무것도 아닙니다. 만약 다른 사람이 당신에게 그렇게 한다면 당신은 어떤 감정을 갖게 되겠습니까? 불쾌감뿐만 아니라 혐오감마저 느끼지 않을까요? 그렇다면 그런 행동은 당신이 먼저 삼가해야 합니다. 자신이 당해서 불쾌감을 느끼는 일에 대해서는 다른 사람에게도 강요하지 않도록 노력해야 합니다.

무신경한 사람

무신경한 태도를 계속해서 보이면,
언젠가는 당신도 다른 사람들로부터 그런 취급을 받게 됩니다.

앞에서 끈질기게 전화를 했기 때문에 미움을 받게 된 미치코라는 여성의 예를 소개했습니다만, 또 다른 관점에서 말하자면, 그녀에게는 다른 사람의 사정을 생각해 주는 배려가 부족했다고도 말할 수 있습니다.

예를 들어,, 그녀는 디자인 사무실을 운영하고 있는 야마다 씨로부터 '지금 좀 바쁜 시기라 아직 당신의 그림을 자세히 살펴보질 못했습니다. 시간을 봐서 이쪽에서 전화를 드리겠습니다. 그때까지 조금만 더 기다려 주십시오' 라는 말을 들었을 때 이렇게 생각했어야만 합니다.

즉, 상대가 처한 상황을 파악하거나 상대의 기분을 배려하는 마음이 전혀 없었던 것입니다. 이것은 무신경한 태도라고 해석할 수 있을 것입니다.

이것은 미치코 씨에게만 국한된 이야기는 아닙니다. 실제로 상대의 상황이나 마음을 되돌아보지 않고 무신경한 태도를 보이는 사람은 의외로 많습니다. 이렇게 말하면 당신은 '적어도 나는 그렇지 않다' 라고 반론할지도 모르겠습니다만 정말로 '그렇다' 라고 장담할 수 있겠습니까?

휴대폰을 예로 들자면, 틀림없이 당신도 갖고 있으리라 생각합니다. 혹시 애인의 목소리가 듣고 싶어지면 시도 때도 없이 전화를 하고 있지는 않습니까? '바이어와 상담을 하고 있을지도 몰라', '회의중일지도 몰라' 라는 사실을 한 번이라도 생각해 보았습니까? 혹시 이 글을 읽고 아차! 할 사람이 있을지도 모르겠습니다. 지금부터 바로 고치도록 하십시오.

또 이것은 특히 남자들에게 하고 싶은 말입니다만 친구

들과 드라이브를 나서서 자신이 운전을 하지 않을 때 당신은 차 안에서 즐거운 기분으로 맥주를 마시거나 하고 있지는 않습니까?

'지금 운전중이기에 마시고 싶어도 마실 수 없다' 라는 운전자의 마음을 생각한다면 그런 행동은 아무리 친구 사이라 하더라도 절대로 해서는 안 될 행동입니다. 그럼에도 불구하고 미처 거기까지 생각하지 못한다는 것은 당신이 무신경하다는 증거입니다.

무신경이라는 말은 '다른 사람의 기분 등을 마음에 두지 않는 것' 을 말합니다. 그런 자세를 보인다면 당신도 언젠가는 다른 사람들로부터 그런 취급을 받게 될 것입니다.

거짓말쟁이

'거짓말도 하나의 방편'이라고 하지만,
그것을 잘못 사용하면, 사람들로부터 무시당하게 되어,
그 누구도 상대하려 들지 않을 것입니다.

일전에 잡지에서 읽은, 웃으려야 웃을 수 없는 이야기를 간단하게 소개해 보려 합니다.

해외 여행을 한 번도 해보지 못한 것에 열등감을 느끼고 있던 한 여사원이 허영심에서 '여름 휴가 동안에 하와이에 다녀왔다' 고 거짓말을 했습니다. 거기까지는 좋았습니다만 동료와 이런 이야기를 하게 된 것이 계기가 되어 아주 간단하게 그 거짓말이 들통나고 말았다는 것입니다.

"어떤 섬에서 묵었니?"

“물론 하와이지.”

“거기서만?”

“응, 하지만 굉장히 멋진 곳이었어. 역시 와이키키 해변은 멋지단 말이야.”

“뭐야? 오아후 섬에도 갔다왔잖아.”

“그게 아니고 내가 갔다 온 곳은 하와이라니까. 이번에 오아후 섬에는 가질 않았어.”

“저 말이야. 와이키키 해변은 하와이에 있는 게 아니라 오아후 섬에 있는 건데⋯⋯.”

“어머, 그러니?”

이후의 일에 대해서는 당신도 상상할 수 있으리라 생각합니다. 그녀는 직장 사람들로부터 무시당한 것은 말할 것도 없고 어느 누구도 상대해 주지 않게 되었다고 합니다.

‘거짓말도 하나의 방편’이라는 속담도 있듯이 일을 원만하게 이끌어가기 위한 하나의 수단으로 거짓말을 이용하는 것을 반드시 나쁜 것이라고만은 할 수 없을 것입니다. 하지만 이 여사원의 경우처럼 금방 들통나버릴 거짓말을 하는 것은 바람직하지 못합니다. 결국 경박한 사람, 일을 적당히 넘기려는 사람이라는 인상을 주게 되어 그 누구도 신용하지 않게 되고 말 것입니다.

그렇다면 피치 못할 사정이 없는 한은 처음부터 거짓말을 하지 않는 편이 낫습니다.

이것은 여담입니다만 작가인 G씨는 원고 집필로 눈코 뜰 새 없이 바쁠 때면 특별히 아픈 데도 없으면서 건강진단이라는 명목으로 병원에 입원, 출판사 사람들이 권하는, 그 좋아하는 술·담배도 거절한다고 합니다. 또 누가 보더라도 여위었다고 생각하도록 살을 빼는 일도 게을리하지 않는다고 합니다. 이왕 거짓말을 할 생각이라면 이런 정도의 마음가짐이 필요하다고 생각합니다.

호언장담

희망·기대를 갖게 해놓고선 실망·낙담을 하게 만드는
'말만 앞서고 실행에 옮기지 않는'
사람은 '말과 실행을 않는' 인간보다
더욱 미움을 받는다는 사실을 잊어서는 안 됩니다.

쿄세라京セラ의 창시자 이나모리 카즈오稻森和夫 씨는 '일을 잘하는 사원, 잘하지 못하는 사원을 구별해내는 비결은? 이라는 신문 기자의 질문에 이렇게 대답했습니다.

"술을 함께 마셔 보면 압니다."

즉 이런 얘기입니다. 사람은 술에 취하면 대담해집니다. 개중에는 허풍을 떨며 불가능한 일까지도 '할 수 있다' 라고 말하는 사람까지 나타나게 됩니다. 그런 사람들을 사전에 파악해둔 뒤에 다음날, '참, 자네 어젯밤에 이렇게 얘기를 했었지? 라고 묻습니다. 이때 '네, 틀림없이 제가 그런 소리를 했습니다' 라고 말하는 사람은 크게 기대를 해도 되는 사람입니다만 '네? 제가 그런 말을 했었나요? 라며 시치미를 떼는 사람은 믿을 수 없다는 것입니다. 왜냐하면 후자에 해당하는 사람은 대부분 말만 앞서는 사람으로 약속한 일을 잘 지키지 않는 경향이 있기 때문입니다.

또 이나모리 씨는 '말만 앞서고 실행에 옮기지 않는 인간은 말과 실행을 않는 인간보다 더욱 좋지 않은 스타일'이라고 말했습니다.

후자는 말도 하지 않고 행동도 하지 않기 때문에 처음부터 사람들은 아무런 기대도 하지 않는다는 것입니다. 하지만 전자는 '해보겠습니다', '어떻게든 해 보겠습니다', '제게 맡겨 주십시오' 라는 등의 말을 하기 때문에 사람들은 조그만 희망이나 기대를 품게 됩니다. 그런데 그런 말을 한 사람이 그 어떤 성과도 올리지 못하게 되면 그런 말을 들은 사람은 점점 불신과 불안감을 갖게 됩니다. 그리고 결국에는 커다란 실망과 낙담에 빠지게 되어 깊은 혐오감마저 느끼게 된다는 것입니다. 다시 말하자면 '높은 곳에 오를수록 떨어질 때의 충격이 커지는 원리와 같다' 라고 이나

모리 씨는 지적하고 있는 것입니다.

저도 이나모리 씨의 의견에 공감하는 부분이 있습니다. 저도 지금은 많은 출판사에서 책을 내게 되었지만 처음에는 실적이 별로 좋질 못해서 아는 사람을 통해 출판사에 부탁을 하는 경우가 아주 많았습니다.

이런 때 '내가 잘 알고 있는 출판사를 당신에게 소개해 드리지요' 라고 말씀해 주시는 분이 몇 분 계셨는데 그 후의 반응은 정말 극과 극이었습니다. '출판사 쪽에 우에니시 씨의 이야기를 해두었습니다. 제 소개라고 말하면 만날 수 있을 것입니다' 라는 연락을 주는 사람이 있는가 하면, 그 반대로 감감무소식으로 내가 연락을 해도 '네? 제가 그런 말을 했었나요? 라는 식의 어중간한 대답밖에 주지 않는 사람도 있습니다.

덧붙여서 말하자면, 지금까지 제가 경험해 본 바에 의하면 전자는 자신의 사업을 점점 발전시켜 가고 있으며, 반대로 후자는 아무런 발전도 없는 인생을 보내고 있습니다. 그런 의미에서 이나모리 카즈오 씨의 말도 이번에 기술한 머피 박사의 말도 정곡을 찌른 말이라고 해도 과언은 아닐 것입니다.

당신의 경우는 어떻습니까? 실현 불가능한 일을 구두로 약속하거나 해서 알게 모르게 상대를 실망시키거나 하지는 않습니까? 입으로는 호언장담을 해놓고서는 실제로는 아무런 행동도 하지 않거나 하지는 않습니까? '내일 전화할게' 라고 말해 놓고 아무런 연락도 하질 않거나 하지는 않습니까?

만약 그렇다면 하루라도 빨리 고치도록 지금부터라도 노력하십시오. 제아무리 술에 취해서 한 말이라 하더라도 당신이 한 말은 절대로 지키도록 할 것, '해보겠습니다' 라는 말을 한 이상은 마지막까지 책임을 질 것, 이런 자세야말로 상대에게 '말과 행동이 일치하는 사람' 이라는 인상을 줄 수 있는 것입니다.

도덕성의 결여

도덕성은 당신 인격의 상징입니다.
남들이 인격을 인정해 주기를 바란다면 도덕성을 가지십시오.

얼마 전에 한 TV 프로그램에서 미국인 저널리스트가 외국을 방문한 일본인 여행객의 매너에 대해서 다음과 같이 지적했습니다.

"외국에서 일본인은 아주 미움을 받고 있습니다. 호텔 복도를 속옷차림으로 돌아다니고 해변에서 아무렇지도 않다는 듯 담배를 피웁니다. 엘리베이터에 탈 때도 여성을 먼저 태우는 법이 없습니다. 그렇기 때문에 미국이나 유럽의 일류호텔 중에는 일본인 관광객을 받지 않는 곳까지 있을 정도입니다."

일본인에게는 정말 머리가 지끈거리는 이야기이지만 머피 박사의 말에도 있듯이 서양에서는 매너, 즉 도덕성을 인격의 상징이라고 정의하고 있어서 그것이 결여되어 있으면 그 사람에 대한 평가가 일시에 떨어진다고 합니다.

서양에서 그렇다고 해서 하는 말은 아닙니다만 당신도 사람들로부터 호감을 받고 싶다면 최저한의 도덕성을 갖고 행동하길 바랍니다.

예를 들어서, 주로 프리랜서들에게 하고 싶은 말입니다만, 평소에 입고 다니는 낡은 청바지에 색이 바랜 T셔츠로는 안 됩니다. 상대가 누구이건 고급 호텔의 라운지 같은 데서 약속을 했을 때는 좀더 정중한 차림을 하는 것이 좋다고 생각합니다.

그렇게 하지 않으면 사람에 따라서는 '뭐야, 이녀석……. 저런 복장으로 이런 곳에 오다니, 예의 없는 녀석이군' 이라는 인상을 갖게 될지도 모릅니다.

또한 최소한의 일반상식도 알아 두어야 합니다. 이것도 최근에 TV에서 알게 되어 충격을 받았습니다만, 요즘의 젊은이(20세 전후의)들의 학력學力이 상당히 저하되고 있는 듯 이런 말까지도 아무렇지도 않게 연발하고 있다고 합니다.

"지금 미국의 대통령은 클린턴."

"호국영령을 모셔놓은 곳은 아사쿠사淺草."

"은하철도의 밤을 쓴 사람은 아쿠타가와芥川."

끝이 없기에 이 정도로 해 두겠습니다. 컴퓨터와 자동차 네비게이터를 제아무리 능숙하게 사용할 수 있다 하더라도 이런 비상식적인 말을 연발한다면 결국에는 아무도 상대해 주지 않는 다는 것을 명심해 두기 바랍니다.

오해하지 마십시오. 학자처럼 풍부한 지식을 쌓으라는 이야기가 아닙니다. 다른 사람과 대화할 때, 상대를 어이없게 하거나 실망시키는 것과 같은 말을 하지 않기 위해서라도 최소한의 교양만은 익혀 두어야 한다는 것입니다.

물론 젊은 사람들에게만 해당하는 아닙니다. 30대 이후의 사람들에게도 같은 말을 하고 싶습니다.

아무리 많은 실무 경험을 가지고 있다 하더라도 총리의 이름도 모르거나 전혀 엉뚱한 말을 한다면 젊은이들은 '몰상식한 어른이다' 라는 딱지를 붙여버리고 말 것입니다.

따라서 남녀노소를 불문하고 어느 정도의 지식은 몸에

지니도록 노력해야 하는 것입니다. 물론 그것들을 자랑할 필요는 없습니다. 단지 다른 사람과 대화를 할 때 어느 정도의 지식을 갖고 있다면 자신감을 갖고 당당하게 이야기할 수 있게 되는 것입니다.

머피 박사도 다음과 같이 말했습니다.

"매너와 지식을 익히는 것은 매우 중요한 일입니다. 인간 관계를 풍부하게 해주기 때문입니다."

꿈이 없는 사람

아무리 성격이 좋은 사람이라도
꿈이 없으면 사람들은 당신을 외면할 것입니다.

여기서 제가 담당했던 상담의 한 예를 소개하겠습니다. 몇 년 전에 저는 병원에서 의료사무를 보고 있는 30대 후반의 남자와 이런 내용의 상담을 한 적이 있었습니다.

"동료와는 사무적인 내화만 나눌 뿐 왠지 친해지질 않습니다. 제가 차를 마시자고 해도 언제나 거절하기만 합니다. 왜일까요?"

그 남자가 이렇게 털어놓았을 때 나는 좀 의외다 싶었습니다. 남자는 아주 온후溫厚해 보였고 성격에도 아무런 문제가 없는 듯이 보였기 때문이었습니다. 하지만 한 시간 정도 면담을 해가던 중에 그가 고민하는 이유를 명확하게 알 수 있었습니다.

결론을 말하자면 그에게는 꿈이 없었던 것입니다. '퇴직 때까지 지금의 직장에서 무사히 근무할 수 있다면 그것으로 됐다', '주택 융자금이 있어서 여행에도 갈 수가 없다', '내세울 만한 취미도 없다' 라는 식으로 꿈도 소망도 발전하고자 하는 욕망도 없이 '그저 오늘과 같은 내일이면 된다' 는 식으로 생각하고 있었습니다.

그런 사고방식으로는 인간 관계가 제대로 이루어질 리가 없습니다. 왜냐하면 그런 사람과 대화를 나눠 봐야 아무런 재미도 없기 때문입니다. 당신이 '노년에는 전원 생활을 만끽하고 싶다', '언젠가는 내가 쓴 책을 출판하고 싶다', '노년에는 외국에서 생활하고 싶기 때문에 지금부터 영어회화를 배우려고 한다' 라는 등 아무리 열변을 토해도 상대가 별로 관심없다는 듯한 태도를 보인다면 재미가 없어서 '이 사람과 이야기해 봐야 따분하기만 할 뿐이다' 라고 생각하게 될 것입니다.

그래서 저는 그 남자에게 이렇게 충고를 했습니다.

"무엇이든 좋습니다. 당신만의 꿈, 삶의 보람을 찾아 그 것에 조금이라도 다가가려는 노력을 해보시면 어떻겠습니 까? 그렇게 하면 그 사람도 지금까지와는 다른 태도로 당 신을 대할 것입니다."

꿈을 가지면 기분이 긍정적으로 바뀝니다. 그리고 그에 따라 일상에서의 태도도 밝고 명랑해집니다. 누구를 대하 더라도 웃는 얼굴로, 호의적인 모습을 보일 수 있게 됩니 다. 사람과 이야기를 할 때도 스스로가 적극적으로 화제를 제공할 수 있게 됩니다. 상대의 꿈·삶의 보람에도 관심을 갖게 됩니다. 그렇게 되면 주위의 평가도 좋아지고 사람들 로부터 호감을 사게 된다는 것을 그 남자에게 말하고 싶었 던 것입니다.

변신

사고방식이 눈에 보이는 현상보다도 중요합니다.
당신이 변하면 상대도 변하게 됩니다.

어떻습니까? 지금까지 머피 박사의 법칙을 기본으로 다른 사람으로부터 미움을 받고 있는 사람들의 패턴에 대해서 이야기를 해왔습니다만, 이 책을 읽고 있는 독자들 중에도 이에 해당하는 부분이 있지는 않습니까?

이 세상에 완벽한 인간은 존재하지 않습니다. 아무리 훌륭하게 보이는 사람이라도 다소간의 결점은 있기 마련입니다. 혹시 당신에게 '사람에게 미움을 받는 포인트' 가 여러 개 있었다 하더라도 실망하거나 스스로를 책망할 필요는 없습니다. 자신의 결점을 발견했다면 그것은 오히려 기쁜 일이라고 생각해야 합니다. 왜냐하면 자신의 결점을 모른 채로 '나는 어째서 늘 인간 관계에 실패하기만 하는 걸까?'라고 고민을 하며 골머리를 썩히던 사람도 결점을 알게 되면 그것을 고쳐서 문제를 해결할 수 있게 되기 때문입니다.

그렇다고 오늘부터 마음을 가다듬고

'불평불만을 늘어놓는 것을 그만두자'

'타인을 중상·비방하는 것을 그만두자'

'자기 자랑을 그만두자'

'사람에게 끈질기게 매달리는 것을 그만두자'

라고 결심한다고 해서 곧 사람들로부터 호감을 받을 수 있게 되는 것은 아닙니다. 그것은 속단이라고밖에 말할 수 없습니다. 물론 그것만으로도 어느 정도의 효과는 기대할 수 있으며, 남들로부터 미움을 받게 되는 요소를 줄일 수는 있겠지만, 아직 '호감을 주는 상태'까지는 이르지 못했습니다.

왜 그럴까요?

'미움을 받는 요소를 줄인다'라는 것을 자동차 운전에

비유해서 말하자면, 모든 브레이크를 해제한 것에 지나지 않는 것으로 액셀러레이터를 밟는다는 행위에는 아직 이르지 못한 것입니다. 마이너스를 원점으로 되돌린 상태일 뿐, 플러스가 되게 하려면 또 다른 몇 개의 테크닉이 필요합니다.

그렇다면 이 책의 주제에 비춰봤을 때 어떻게 해야 액셀러레이터를 밟을 수 있을까요? 다음에 기술하는 네 가지 점을 명심해둘 필요가 있습니다.

- 언어의 긍정적인 면을 활용한다.
- 상대의 자부심을 높여준다.
- 상대의 기분을 읽고 기쁨을 준다.
- 상대의 마음에 호소할 수 있도록 노력한다.

이 네 가지 테크닉을 마스터한 후에야 당신은 직장 동료, 친구, 지인, 가족 그리고 사랑하는 이성으로부터도 호감을 받게 되고 그 결과로 그 사람들로부터 응원·협력을 받아 자기실현을 이룰 수 있게 되는 것입니다.

다음 장부터는 이 네 가지 테크닉의 활용 방법에 대해서 하나하나 기술해 나가도록 하겠습니다.

호감을 사기 위한 테크닉 1단계
언어 사용의 달인이 되자

효과적인 언어의 사용법

다른 사람들로부터 호감을 사고 있는 사람은
언어의 사용법을 알고 있습니다. 말을 골라서 사용하십시오.
언어 선택 하나로도 사람과의 관계가 180도로 달라집니다.

저는 심리 카운슬러로서 활동하고 있는 동시에 성공철
학도 연구하고 있기 때문에 지금까지 수많은 성공자들과
만날 기회가 있었습니다. 그런 사람들과 만날 때마다 새삼
스레 인식하는 사실이 있습니다. 그것은 모두가 말을 부리
는 기술이 상당히 뛰어나다는 것입니다. 온화하고 정중한
말투는 말할 것도 없고 상대의 기분을 편안하게 해주고 유
쾌하게 하는 말을 빈번하게 사용하는 것입니다. 또 불평불
만이나 다른 사람을 헐뜯는 등의 부정적인 말은 전혀 사용

예를 들어서, 얼마 전에 지인을 통해 한 회사를 연간 매출액 50억 엔을 자랑하는 대기업으로 키운 사장을 만났을 때도 '과연 인망 있는 경영자는 다르구나' 라고 감탄을 한 적이 있었습니다.

첫 대면임에도 불구하고,

"아, 당신은 심리 카운슬러이십니까? 만나뵙게 되어 정말 영광입니다."

"저도 인간이기에 고민하는 경우가 많습니다. 그럴 때는 선생님의 힘을 빌리고 싶습니다."

"선생님은 성공철학에 관련된 책도 쓰셨습니까? 저도 빠른 시일 안에 구입해서 공부를 하겠습니다. 이것을 기회로 여러 가지로 가르침을 주실 수는 없겠습니까?'

라며 내 기분이 좋아질 만한 말들을 연발했기 때문입니다.

그 이유는 다음에 적기로 하고 요점만을 정리해서 말하자면, 수많은 사원을 이끌어가는 사장임에도 불구하고 겸손하며, 상대방의 자기중요감* 을 높이는 말, 즉 자신의 일을 자랑스럽게 생각하고 힘이 되게 하는 말을 정확하게 던지는 것이었습니다. 거만하거나 은혜를 베풀고 있다는 듯한 행동은 조금도 보이질 않았습니다.

'벼는 익을수록 머리를 숙인다' 라는 말은 이런 경우를 두고 하는 말이구나 하고 저도 많은 것을 느꼈습니다.

본 장에서는 머피 박사의 말을 지침으로 사람들로부터 호감을 받기 위한 언어의 사용 테크닉에 대해서 해설을 해 보려고 합니다.

*자기중요감
저자는 자신을 자랑스럽게 생각하는 것을 자기중요감이라고 표현하였습니다.
자부심, 자존심, 자긍심 등으로 표현할 수 있겠습니다.

감사의 마음

감사하는 마음은 타인의 마음과
일체감을 맛볼 수 있는 기회가 됩니다.

오오하시 쿄센大橋巨泉 씨가 TV 토크 프로그램에서 다음
과 같은 말을 했습니다.

"일본사람 만큼 '고맙다' 라는 말에 인색한 민족도 그리
흔치 않습니다. 식당에서 요리가 나와도, 가게에서 물건을
살 때도 '돈을 내고 사는 것이니까 당연하다' 라는 표정으
로 '고맙다' 라는 말은 한 마디도 하지 않습니다. 그에 비해
미국이나 유럽 사람들은 고급 레스토랑에서 계산을 마친
후에도, 슈퍼에서 사과를 하나 산 경우에도 상대를 향해서

‘고맙다’ 라는 말을 마치 입버릇처럼 연발합니다.”

그 이유에 대해서 쿄센 씨는 ‘서양인들이 감사의 마음을 말로 표현하는 것은 점원의 일하는 모습(접객 태도, 봉사, 서비스 등)을 인정하는 것으로 그렇게 함으로써 그들과의 커뮤니케이션을 의도할 수 있기 때문입다’ 라고 지적하고 있는데 저도 그 의견에 동감합니다.

‘일부러 식사를 하러 오셨다’ , ‘여기까지 물건을 사러 와주셨다’ 라는 관점에서 본다면 가게 사람이 ‘찾아주셔서 감사합니다’ , ‘언제나 감사합니다’ 라고 감사의 뜻을 표하는 것은 당연한 일입니다. 하지만 손님 입장에서도 ‘이 가게에 온 덕분에 맛있는 음식을 먹을 수 있었다’ , ‘이 가게 덕분에 갖고 싶었던 물건을 싼 값에 구입할 수 있었다’ 라고 생각한다면 ‘감사합니다’ 라고 말하는 것은 당연한 것 아닐까요?

당신도 이 ‘무엇무엇 덕분에……’ , ‘누구누구 덕분에……’ 라는 마음을 주위 사람들에게 말로써 표현하시길 바랍니다.

“자네 덕분에 언제나 맛있는 차를 마실 수 있네. 고마워.”

"자네가 복사를 해준 덕분에 야근을 면했네. 고마워."

"자네들이 열심히 해준 덕분에 이번 달에는 이렇게 많은 이익을 남길 수 있었네. 고마워."

'당신의 사랑이 나를 지탱해 주는 덕분에 회사에서 힘든 일이 있어도 기죽지 않을 수가 있어. 고마워."

이처럼 아무리 사소한 일이라도 감사의 말을 전하도록 노력하면 상대는 그것만으로도 당신에 대해 좋은 인상을 갖게 되는 것입니다.

호감도를 높이는 인사

늘 하는 인사, 그래도 인사…….
인사도 방법에 따라서는 사람들에게 호감을
갖게 하는 커다란 무기가 됩니다.

"사람들에게 호감을 갖게 하려면 상대가 그 누구라 하더라도 인사를 해야 한다. 인사처럼 간단하고 손쉬운 커뮤니케이션 방법은 없다."

이것은 유명한 인간 관계학자인 델 카네기의 말인데 과연 명언이라고 할 수 있습니다. 저도 사람들로부터 호감을 사기 위한 방법 중에서 가장 손쉬운 방법이 인사라고 생각하기 때문입니다. 그리고 저도 요즘에 들어서야 알게 된 사실이지만 인사(挨拶, あいさつ)의 '挨(애)' 자에는 '마음

을 열다' 라는 뜻이, '搀 (찰)' 자에는 '접근하다' 라는 의미가 담겨 있다고 합니다. 다시 말하자면 '이쪽에서 먼저 마음을 열고 상대에게 접근한다' 라는 것이 인사의 참된 의미라는 것입니다.

그렇다면 인사 본래의 의미인 '이쪽에서 먼저 마음을 열고 상대에게 접근하는 법' 을 활용하지 않을 수 없을 것입니다.

단, 이 경우에 '안녕하세요' 라고 단순하게 말하기보다는 좀더 여러 가지로 궁리를 한다면 보다 효과를 얻을 수 있을 것입니다.

그 한 예로써 인사 다음에 상대의 이름을 붙여보는 것은 어떻겠습니까?

'안녕하세요, 스즈키鈴木 씨', '야마다山田 씨, 안녕하세요? 라고 말하면 상대의 마음을 울리는 무언가를 느끼게 할 수 있기 때문입니다. 또 그에 더해서 'W 부장님, 안녕하세요. 어제 골프는 어떠셨어요? , 'T씨, 안녕하세요. 요즘에 혈압은 좀 어떠세요? 라는 식으로 상대가 관심을 갖고 있는 부분의 화제를 자연스레 삽입하는 것도 하나의 방법이 될 수도 있을 것입니다. 대화가 즐거워지고 더욱 더 친근감을 느낄 수 있게 됩니다. 왜냐하면 그런 말을 들은 상대는 '이 사람은 늘 나에 대해서 관심을 갖고 있구나' 라며 자신의 '존재'를 인정받은 듯한 기분이 들기 때문입니다. 거기에 이 인사가 기회가 되어 대화를 나누게 된다면 커뮤니케이션 강화에도 도움이 되기 때문입니다.

그리고 인사는 최대한 밝게 해야 합니다. 생선회를 먹으러 갔을 때 '어서 오십시오'라는 밝고 활기찬 인사를 들으면 재료의 신선함이 느껴져 한층 더 식욕 느껴지는 것처럼 당신이 밝게 인사를 하면 상대도 긍정적인 기분이 되어 당신에 대해서 긍정적인 반응을 보이게 되는 것입니다.

자, 당신도 오늘부터 인사의 달인이 되십시오.

힘이 솟는 말

사람과 대화를 할 때, 의욕이 솟는 말,
힘이 솟는 말을 끊임없이 하십시오. 상대가
당신에게 빠른 속도로 접근해 올 것입니다.

"의사에게는 3개의 무기가 있습니다. 첫 번째는 말, 두 번째는 약초, 세 번째는 메스입니다."

이것은 서양 의학의 아버지라고 불리는 히포크라테스의 명언입니다. 말을 처음으로 든 것이 매우 흥미 있는 부분입니다. 그 이유에 대해서 히포크라테스는 '말은 그 암시의 힘으로 인간이 원래 몸 속에 갖추고 있는 자연치유력을 촉진시키는 효과가 있기 때문이다' 라고 지적했습니다. 저는 그의 의견에 공감하고 있습니다.

‘이야기를 할 때 좀더 신경을 쓰십시오. 당신의 한 마디 한 마디가 상대의 잠재의식에 영향을 미치고 있습니다’ 라고 머피 박사도 말한 것처럼 당신이 한 말은 하나의 암시가 되어 상대의 잠재의식에 입력되기 때문입니다.

그렇기 때문에 제안을 하나 하자면 상대방과 대화를 나눌 때는 자신은 물론 상대도 힘이 솟아나는 말, 의욕이 솟아나는 말을 많이 사용해 보는 것을 어떻겠습니까? 그렇다고 해서 어렵게 생각할 필요는 없습니다. 예를 들어서 몸의 컨디션이 그다지 좋아 보이지 않는 사람이 있다면 이런 말을 던지는 것만으로도 족할 것입니다.

“하야시林 씨 변함없이 건강해 보이는데요. 혈색이 아주 좋아 보입니다.”

“전무님, 식욕이 왕성하시군요. 식사하시는 걸 보니 정밀검사 결과도 걱정하지 않아도 되겠습니다.”

언뜻 보기에는 별 의미 없는 이야기처럼 들릴지도 모르겠지만 듣는 사람 입장에서 본다면 기분이 매우 밝아지는 이야기입니다.

그렇다면 상대가 ‘아프다’, ‘괴롭다’, ‘힘들다’ 라는 감정이나 감각을 말로 표현할 때는 어떻게 대응하면 될까요?

그럴 때는 당신이 솔선해서 긍정적인 말을 하도록 하십시오.

"머리가 아프다고? 약을 먹었으니까 이제 괜찮아질 거야. 금방 가라앉을 거야."

"어깨가 뻐근하다고? 그건 네가 열심히 일했다는 증거야. 그 덕분에 우리 부서에서 이렇게 수익을 올릴 수 있게 됐어."

제3자의 입장에서 본다면 단순한 위로의 말처럼 보일지도 모르겠지만 이도 역시 듣는 사람 입장에서 본다면 상대 말의 암시력에 힘입어 커다란 힘·활기·의욕을 느끼게 되는 것입니다.

사람을 즐겁게 하는 말

사람을 유쾌하게 만드는
말을 찾아내서 그 말을 자주 사용하십시오.
그렇게 하면 사람들은 당신에게 끌릴 것입니다.

힘이 솟는 말, 의욕이 솟는 말에 이어 사람을 유쾌하게 하는 말을 사용하면 어떻겠습니까? 이것도 그렇게 어렵게 생각할 필요는 없습니다.

그 어떤 사람이라 하더라도 즐거움을 느끼는 일이 있습니다.

"자이언츠가 드디어 매직넘버 카운트다운에 들어갔다. 우승하는 것은 시간 문제다."

"이번 주말에는 가족들과 온천에 간다."

"다음 주 일요일에는 사랑스런 그녀와 디즈니랜드에서 데이트를 한다."

등 다른 사람이 본다면 하찮게 느껴질지도 모르겠지만 본인은 가슴을 설레며 기대하고 있는 일들이 있습니다.

또 개중에는 '지난 주의 축구 시합을 보면서 정말 흥분했었다', '홍콩에서 본 야경은 정말 감동적인 것이었다. 평생 잊을 수 없을 것이다' 라는 식으로 즐거웠던 순간을 되돌아보며 그것에 잠기는 사람도 있습니다.

이렇게 그 사람만이 가지고 있는 즐거움, 기대, 희망을 더욱 부풀리는 말, 혹은 즐거웠던 순간을 되돌아볼 수 있게 하는 말을 상대에게 던지기만 하면 되는 것입니다.

"부장님, 드디어 자이언츠가 매직넘버 카운트다운에 들어갔습니다. 축하드립니다."

"과장님, 모레 이맘때쯤에는 온천에 몸을 담그고 계시겠지요. 산해진미도 드실 수 있고 정말 부럽습니다."

"홍콩에서 굉장히 멋진 야경을 보고 왔다고? 정말 아름답겠구나."

TPO에 따라 다를 수도 있겠지만 이런 말을 듣고 화를 낼 사람은 없을 것입니다. 오히려 '아, 이 사람은 언제나 나를 잊지 않고 있구나' 라는 마음을 갖게 됨과 동시에 '자이언 츠가 우승해서 감독을 헹가래치고 있는 모습' 이나 '온천 을 마치고 맛있는 음식을 먹고 있는 모습' 등 자신이 유쾌 함과 즐거움을 느끼고 있는 모습을 그려보게 될 것입니다. 그리고 눈에 보이지는 않지만 그런 즐거움을 제공한 당신 에게 감사의 마음을 갖게 될 것입니다. 이런 장면이 쌓여가 면 '이 사람은 느낌이 좋은 사람이다', '이 사람과 이야기 를 나누면 즐거워진다' 라는 식으로 당신을 평가하게 될 것 입니다.

유머감각

몇 년 전, 한 결혼식의 피로연장에서 신랑 친구로 초대된 O씨의 연설을 들으면서 참가자 전원이 저도 모르게 웃음을 터뜨린 적이 있었습니다.

'신랑은 회사에서는 사장이라는 요직에 있습니다만, 지금부터 집에서는 부인에게 묶여야 한다고 생각하니 정말 가엾습니다.'

라는 식으로 연설 중간 중간에 유머를 연발하여 그 자리에서 웃음이 끊이지 않게 만들었습니다. O씨는 업계에서도 인정받고 있는 굴지의 공원 설계 회사를 경영하고 있으며, 인망도 상당히 두터운 사람이라는 말을 들었는데 이 연설을 듣고는 '과연' 이라는 마음이 들었습니다.

남들로부터 호감을 받는 사람들의 특징 중의 하나가 유머를 적절하게 사용하여 사람들의 웃음을 자아낸다는 점을 들 수 있습니다.

그렇다면 당신도 상대의 기분을 상하지 않게 하면서 TPO를 적용하여 상대와 대화를 할 때 적절히 유머를 섞어 이야기를 해보면 어떨까요? 적절한 때에 유머를 사용하면 그 자리의 분위기를 부드럽게 할 뿐만 아니라 무엇보다도 상대를 유쾌한 기분으로 만들 수 있기 때문입니다. 그렇다면 어떤 유머가 적절할까요? 여기에 몇 개의 예를 열거해 보겠습니다.

❶ 상사 : 사내 검진 결과가 어떻게 나왔나?

  본인 : 덕분에 아무런 이상이 없었습니다. 굳이 말하자면 머리가 좀 안 좋답니다. 하지만 바보에게는 약도 없다고 하니 이건 어쩔 수 없겠습니다.

❷ 상사 : 오늘 한 잔 어때?

본인 : 물론 함께 가겠습니다. 하지만 한 잔 가지고는 안 될 것 같습니다. 한 잔이 두 잔이 되고 세 잔이 되어도 용서해 주십시오.

❸ 상사 : 그 넥타이 꽤 멋있군.
본인 : 감사합니다. 옷이 날개인 셈이죠 뭐.

❹ 후배 : 선배님 어젯밤에는 비가 굉장했죠.
본인 : 응, 비온 뒤에 땅이 굳어진다고 하질 않나. 오늘 회의는 분명히 성과가 있을 거야.

❺ 후배 : 선배님! 죄송합니다. 천 엔 빌려주실 수 있습니까? 내일 꼭 갚겠습니다.
본인 : 이자는 얼마로 할까?.

❻ 동료 : 요즘 젊은 것들 정말 버릇이 없단 말이야.
본인 : 무슨 소리야. 우리들도 젊은 것들이잖아.

❼ 거래처 : 오늘도 날이 무척 덥군요.
본인 : 덕분에 맥주를 많이 마셔서 술배가 나왔습니다.

이와 같이 악의 없는 농담을 하는 것이 포인트입니다.

단, 유머를 사용할 때는 상대의 말꼬리를 잡고 늘어지거나 가시돋힌 말, 진부한 표현은 좋지 않습니다. 경우에 따라서는 상대를 화나게 하는 원인이 되기도 합니다.

또 상대에 따라서 적절한 유머를 사용할 줄 알아야 합니다. 동료나 후배에게는 통하는 유머가 상사에게는 통하지 않는 경우도 있습니다. 그뿐 아니라 자칫 잘못하면 빈축을 살 우려도 있습니다.

따라서 윗사람에 대해서는 ❶, ❸과 같이 상대의 자기중요감을 높일 수 있는 유머, 즉 긍정적인 면에서 자기비하하는 말을 주의해서 하는 것이 좋을 것입니다. 그렇게 하면 상대도 '미워할 수 없는 녀석' 이라는 감정을 품게 될 것입니다.

다른 한편으로 동료나 후배에 대해서는 ❹, ❻에서와 같이 긴장감을 풀어줄 수 있는 유머가 바람직할 것입니다.

아무튼 TPO에 따라 재치 있는 유머를 구사할 수 있다면 그 자리의 분위기가 부드러워지고 사람들은 당신에 대해서 좋은 이미지를 갖게 될 것입니다.

그리고 유머를 잘 구사하지 못하는 분들은 상대의 유머를 받아들일 줄 아는 여유를 갖도록 노력하십시오. 농담이

통하는 사람이 농담이 통하지 않는 사람보다 더욱 호감을

줄 수 있는 것은 두말할 필요도 없기 때문입니다.

위로의 말

동성·이성을 막론하고 '저 사람과 있으면 마음이 편안해진다' 라는 이야기를 자주 듣는 사람이 당신의 주위에도 있습니까?

어째서 마음이 편안해지는 것일까?

그 요인을 심리학의 입장에서 분석해 보자면, '서로간에 공통되는 기호·추억이 있어 대화가 즐거워지기 때문에', '인생관·가치관·장래 계획이 닮아 있기 때문에', 혹은 앞에서 유머에 관해 말한 것과 같이 '그 사람과 함께 있으면 즐거워진다'라는 등의 이유를 들 수 있을 것입니다.

결론적으로 말하자면, 그 사람의 곁에 있으면 마음이 편안해지고 밝아지기 때문이 아니겠습니까.

이렇게 말하면 어렵게 생각하는 사람이 있을지도 모르겠지만 한마디로 말하자면 상대를 위로하는 말을 건네면 되는 것입니다. 그렇게 하면 상대의 긴장감과 불안감이 풀어져 편안한 마음을 갖게 되는 것입니다. 또 '이 사람은 언제나 나를 걱정해주고 있다', '이 사람은 언제나 나를 주목하고 있다'라고 생각할 것이며 그것은 그대로 당신에 대한 평가로 연결될 것입니다.

구체적인 예를 들어 보겠습니다.

예를 들어서 주말에 부하나 후배가 퇴근할 때, 당신은 '수고했어'라고만 말하고 있지는 않습니까?

혹시 그렇다면 다음과 같이 말해 보십시오.

"수고했어. 이번 주에는 모두가 열심히 해줬어. 내일은 쉬는 날이니까 푹 쉬도록 하게."

이 '열심히 해 줬어', '푹 쉬도록 하게' 라는 곳이 포인트로 이 말만으로도 부하나 후배는 마음이 편안해질 것입니다.

동료나 부하가 복사를 도와줬을 때도 마찬가지. '고마워' 라는 말의 앞에 '번거롭게 해서 미안해', '네가 바쁠 때 내가 도와줄게' 라는 말을 붙여보십시오. 그렇게 하면 역시 상대의 마음이 편안해질 것입니다.

또 상대가 '감기에 걸려서 오늘은 쉬었으면 합니다' 라고 말한다면 이것은 절호의 찬스입니다.

그럴 때는 이런 말을 던져 보십시오. 그렇게 하면 상대는 결근을 한다는 데서 오는 '석연치 않은 마음' 을 떨칠 수 있을 것입니다.

"그 동안 너무 바쁘게 움직였다고 신이 '가끔은 쉬기도 해야지' 라며 자네에게 신호를 보낸 걸세. 오늘은 일에 관한 것은 모두 잊고 푹 쉬도록 하게."

표현에 대한 궁리

다른 사람에게 부정적인 대답을 해야만 할 경우,
될 수 있는 한 긍정적·건설적인 표현을 사용하도록 노력하십시오.
그것만으로도 상대가 느끼는 인상은 180도로 달라지게 됩니다.

"미안해, 갑자기 손님을 접대해야 할 일이 생겨서……. 그래서 오늘 데이트 취소해야겠는데."

"죄송합니다. 회의 때 제출할 기획서, 이번 주에는 너무 바빠서 작성할 시간이 없을 것 같습니다."

우리들의 생활 속에는 공과 사를 막론하고 사람들에게 이와 같은 부정적인 대답을 해야 할 때가 왕왕 있습니다.

이럴 경우 부정적인 대답은 피할 수 없는 것이라고 생각해 버린다면 그것으로 끝이지만 그것을 듣는 사람 역시 기분이 좋지 않을 것입니다.

어째서일까요? 상대 입장에서는 기대를 걸고 있었거나, 의지하고 있었던 일이 백지 상태로 돌아가버리기 때문에 많든 적든 간에 실망과 낙담을 할 수밖에 없기 때문입니다.

따라서 상대의 실망감이나 낙담을 줄일 수 있는 방법으로써 머피 박사가 말한 것처럼 될 수 있으면 긍정적·건설적으로 해본다면 어떻겠습니까?

'오늘 데이트 취소해야겠는데' 라는 식으로 말을 하기 때문에 상대가 불쾌하게 느끼게 되는 것입니다. 그 어떤 이유에서든지 '데이트를 취소' 한다는 말을 하게 되면 상대는 마이너스 인상을 갖게 됩니다.

그렇다면 어떤 식의 말이 좋을까요? 그 말을 한 직후에 '내일이라면 시간이 있는데' 라든지 '주말에는 확실히 시간을 낼 수 있어' 라고 상대에게 기대와 희망을 줄 수 있는 말을 하는 것입니다.

'이번 주에는 너무 바빠서 기획서를 작성할 시간이 없습니다' 의 경우도 마찬가지. '이번 주에는 무리' 라는 인상을 준 채로 끝나버리기 때문에 상사의 마음이 상하는 것입니다. 따라서 이런 때에도 '다음 주 월요일 저녁까지는 틀림없이 작성하겠습니다. 그때까지 기다려주실 수 없겠습니까?, '늦어도 화요일 점심까지는 작성하겠습니다' 라는 등 상대에게 기대와 희망을 갖게 하는 말을 하도록 해 보십시오.

말하려고 하는 내용이 같은 것이라 할지라도 말의 표현을 바꿈으로 해서 상대의 마음은 많이 달라지게 될 것입니다. 거기에 할 수 있다는 가능성을 더한다면 양자 모두가 긍정적인 마음을 갖게 되고 무엇보다도 다른 사람들에게 호감을 주게 되는 것입니다.

마이너스가 되는 화제의 전환

마이너스가 되는 화제에 동조해서는 안 됩니다.
자신이 시작했을 때와 같은 결과를 낳게 됩니다.

예전에 키시╟ 씨가 주재하는 스터디를 마치고 돌아가는 길에 참가자 몇 명과 함께 찻집에 들어간 적이 있었습니다. 참가자 중의 한 명인 A씨가 갑자기 키시 씨의 험담을 하기 시작했습니다.

그러자 동석하고 있던 B씨, C씨, D씨마저도 '키시 씨가 주재하는 스터디는 참가비가 비싸다', '그에 비해서 키시 씨는 너무 짜다' 라는 등 험담에 동조하기 시작했고 이번에는 E씨에게 의견을 물었습니다.

그러자 E씨가 갑자기 커다란 소리로 이렇게 말하기 시작하는 것 아니겠습니까.

'이겼다. 마츠이松#가 홈런을 쳤다. 자이안츠의 역전승이다.'

그 찻집에서는 프로 야구가 중계되고 있었는데 E씨의 말이 계기가 되어 화제가 프로 야구 쪽으로 옮겨가게 되었습니다. 하지만 E씨는 자이언츠의 팬이 아니었습니다.

실은 E씨도 성공 철학과 인간 관계학 연구에 종사하고 있어서 마이너스적인 대화가 인생에 있어서 악영향을 미치고 있다는 것을 알고 있었기 때문에 의식적으로 화제를 바꾸려고 노력한 것입니다.

제1장에서도 기술한 바와 같이 다른 사람의 비방·중상모략·험담은 백해무익한 것. 아니 오히려 경계를 당하거나 신용을 잃게 되는 등 사람들로부터 미움을 받게 됩니다.

더욱 큰 폐해는 비방·중상모략·험담은 그에 수긍한 사람들에게도 위와 같은 악영향을 미친다는 것입니다. 즉 나중에 당사자가 알게 되었을 경우 '이 사람도 그때의 대화에 함께 있었다. 그러니까 그와 같은 사람이다' 라고 생각하게 되어 억울하게 오해를 받게 될 가능성도 있는 것입니다.

그렇기 때문에 마이너스적인 대화, 특히 비방모략·중상·험담에는 절대로 동조하지 말아야 합니다. 할 수만 있다면 침묵을 지키거나 '그건 그렇고……', '아, 그런데……' 라는 식으로 화제를 바꾸도록 노력해야 합니다.

그래도 화제를 바꾸기 힘들다면 마음속으로 전혀 다른 일을 생각하거나 때에 따라서는 '죄송합니다. 다른 일이 좀 있어서 먼저 가봐야겠습니다' 라고 말하고 그 자리를 피하는 것이 좋을 것입니다.

어떤 방법을 써서라도 마이너스적 대화로 이야기 꽃을 피우는 것은 삼가야 할 것입니다.

분위기를 다시 살려내는 방법

흥이 깨져버렸을 때, 당신이 솔선해서
분위기를 살립시다. 당신의 주가가 훨씬 올라갈 것입니다.

그러면 여럿이서 대화를 나누고 있던 중에 흥이 깨져버린 경우에는 어떻게 하면 좋을까요?

이럴 때는 머피 박사가 말한 것처럼 당신이 솔선해서 분위기를 돋우도록 합시다. 왜냐하면 분위기가 깨지면 마이너스 기류가 흐르게 되는데 그럴 때 당신이 플러스 기류를 주입시키면 분위기가 긍정적으로 변해서 모두가 그런 계기를 만들어준 당신에게 호감을 갖지 않을 수 없게 되기 때문입니다.

그러면 구체적으로 어떻게 하면 좋을까요. 우선은 모두

가 유쾌함과 즐거움을 느낄 수 있는 화제를 던지는 것입니다.

예를 들어서 그 자리에 모인 사람들 대부분이 축구를 좋아하는 사람들이라면 '당신은 어떤 팀을 응원하고 있습니까?', '월드컵을 보러 가고 싶어요'라고 말하여 화제를 그쪽으로 돌리면 되는 것입니다.

혹 그 자리에 모인 사람들이 모두 해외 여행의 경험이 있는 사람들이라면 '올 여름 휴가 때 해외 여행에 가실 생각이십니까?', 'A씨와 B씨는 얼마 전에 런던에 다녀왔다고 하던데. 어떠셨어요?'라는 이야기를 꺼내면 좋을지도 모르겠습니다.

축구를 화제로 할 때도, 해외 여행을 화제로 할 때도 마찬가지. 이 한마디 말로 그 자리의 분위기가 완전히 바뀔 것입니다.

다음으로 모두의 웃음을 사아낼 수 있을 만한 자신의 실수담을 들려주는 것도 좋은 방법이 될 수 있습니다. 인간의 심리란 참 재미있는 것으로 다른 사람의 자랑에는 반발심을 느끼면서도 실수담에는 흥미를 나타내며 친근감까지 느끼게 되는 것입니다. 그것을 역이용하는 것입니다.

"나 얼마 전에 멍청한 짓을 했지 뭐야. 잘못해서 여자 화장실에 들어갈 뻔했단 말이야. 젊은 여자가 째려보는데……."

"얼마 전에 넘어지는 바람에 애인한테서 받은 넥타이가 엉망이 됐거든. 그걸 얘기했더니 삐져가지고……."

당신이 이런 말을 해서 모두의 웃음을 자아낸다면 대성공. 그 자리의 분위기가 바뀜과 동시에 사람들은 당신에게 친근감을 느끼게 될 것입니다.

별생각 없이 던진 한마디 말

대화의 내용에 주의하십시오.
당신이 무의식중에 던진 한 마디가
상대의 마음을 상하게 하는 경우가 있습니다.

당신의 한마디 말로 그 자리의 분위기가 긍정적으로 변한다고 말했습니다만, 반대로 당신이 별생각 없이 던진 한마디 때문에 분위기가 깨져버리는 경우도 있습니다.

예를 들어서 연일 계속되는 야근을 하던 중 '드디어 내일은 쉴 수 있다' 라며 기분이 좋아 있을 때, 상사가 별생각 없이 '내일은 이사를 해야하는구나' 라고 중얼거린 것을 들었다면 어떤 기분이 들겠습니까? 상대가 동료라면 '고생 좀 하겠구나' 라고 말하면 그만이겠지만 상사인 경우에는 그렇게 할 수가 없습니다. 속마음과는 달리 '도와드리러 갈까요?' 라고 말하지 않으면 안 될 경우가 생길 수도 있을 것입니다. 혹은 그렇게까지는 하지 않더라도 '간만의 휴일인데 이사 얘기를 하면 어쩌자는 거야. 신경쓰이게……' 라며 내심 불쾌하게 생각할지도 모르겠습니다.

또 자신은 괜찮겠지 싶어서 한 말이 상대의 마음을 굉장히 상하게 하는 경우도 있습니다.

이것은 S라는 회사원이 실제로 경험한 것입니다. 직장에서 상사가 어두운 얼굴을 하고 있을 때 '부장님 오늘 밤에 가볍게 한잔하시지 않으시겠습니까? 닭꼬치가 맛있는 집을 찾아냈거든요' 라고 말하자 떫은 감을 씹은 듯한 표정으로 '씨끄러워. 저리 가' 라고 소리를 지르더라는 것입니다. 그도 그럴 것이 상사는 사내 건강진단에서 간이 좋지 않다는 판정을 받아 의사로부터 '당분간 술을 자제할 것' 이라는 말을 들었기 때문에 어쩔 수 없이 금주를 해야 할 형편이었다고 합니다. S씨 입장에서 보자면 상사의 기분을 돋우려고 한 말인데 오히려 기분을 상하게 한 결과가 되고 말았습니다.

그럼 이런 실수를 막기 위해서는 어떻게 해야 할까요?

그렇게 하기 위해서는 먼저 TPO를 잊어서는 안 됩니다. 모두가 피곤해 있을 때는 더욱 피곤해지는 이야기는 하지 않는다, 모두가 바쁠 때는 초조함을 느끼게 할 만한 말은 꺼내지 않도록 한다, 이런 것에 신경을 쓸 필요가 있습니다.

다음으로 상대의 마음을 분석·파악한 뒤에 발언하도록 노력해야 합니다. 즉 상대가 '어두운 표정'을 하고 있다면 그 원인을 어느 정도 파악할 수 있도록 생각해 봐야 한다는 것입니다. 그렇게 하면 적어도 S씨와 같은 실수는 하지 않을 것입니다.

적절한 질책법

아랫사람들에게 존경받는 사람들에게는 하나의 공통점이 있습니다.
그것은 질책하는 방법이 능숙하다는 것입니다.

여기서 잠시 이야기를 바꿔 토쿠가와 이에야스德川家康
와 관련된 에피소드를 소개하겠습니다.

이에야스가 아직 미카와라는 작은 나라의 대신에 지나
지 않았을 때의 이야기입니다. 어느 여름 밤, 후덥지근함에
도무지 잠을 이루지 못하고 있던 이에야스가 화장실에 다
녀오면서 야간 경비를 담당하고 있는 가신家臣들의 방을 들
여다 보았더니 가신 중의 한 명이 콧노래를 부르며 들뜬 마
음으로 옷을 갈아입고 있었습니다.

"이렇게 늦은 밤에 어디에 가려고 하는 거지?"

의심을 품은 이에야스가 가신에게 그 이유를 물었더니 '실은 오늘 밤 옆 마을에서 축제가 있어서……. 다른 가신들도 좀전에 외출했습니다. 정말 죄송합니다' 라는 대답이 돌아왔습니다.

"그렇군, 오늘 밤, 마을에서 축제가 있군."

일의 전말을 파악한 이에야스는 홀로 남아 있던 가신에게 이렇게 말했습니다.

"너희들이 축제 때문에 들떠 있다는 것은 나도 이해한다. 하지만 지금 우리 나라가 어떤 상황에 놓여 있는지를 생각해 본다면 외출 할 수 없을 것이다. 적들이 풀어놓은 닌자가 내 목을 노리고 한밤중에 숨어 들어올 가능성도 있다. 그런데 자네마저 놀러 나가려고 하는 건가? 자네만은 믿고 있었는데……."

이 순간 '사네' 라고 불린 가신은 무릎을 끓고 흐느끼며 이에야스의 발 밑에 엎드려 '제가 경솔했습니다. 용서해 주십시오' 라고 사과를 했다고 합니다. 이 사람이 바로 후세들이 토쿠가와 사천왕四天王이라 부르는 사람 중의 한 명인 혼다 타다카츠本多忠勝였습니다.

그런데 혼다 타다카츠는 어째서 무릎을 끓고 흐느꼈던 것일까요? 그것은 '자네마저 놀러 나가려고 하는 건가?', '자네만은 믿고 있었는데' 라는 이에야스의 말에 감동했기 때문입니다. '이에야스 님은 누구보다도 나에게 기대를 걸고 계신다', '누구보다도 나를 신뢰하고 계신다' 라는 생각에 가슴이 미어져 왔기 때문입니다.

이에야스는 무턱대고 소리지르며 화를 내기보다는 가신의 존재감과 자존심, 즉 다음 장에서 기술할 자부심을 높이는 것이 가신을 반성하게 하기에 가장 적절한 것이라고 판단했던 것입니다. 과연 전란으로 어지러운 세상을 평정하고 천하를 손에 넣은 인물은 다른 사람과는 달랐던 것입니다.

이런 이에야스의 가신을 다루는 법은 현대를 살아가는 우리들에게도 커다란 도움이 될 것입니다.

그 어떤 사람에게도 프라이드와 자존심이라는 것이 있습니다. 그 프라이드나 자존심에 상처를 입히면 부하나 후배와 같은 아랫사람들조차도 의욕을 잃게 되거나 반발심을 품게 되는 것입니다.

하지만 이에야스처럼 우선은 아랫사람의 프라이드와 자

존심, 즉 자기중요감을 높여준 뒤에 슬쩍 주의를 주면 상대
는 커다랗게 감동할 것이고 자신의 잘못을 순순히 인정하
게 되는 것입니다.

그렇기 때문에 당신도 아랫사람을 질책할 때 무턱대고
소리지르며 화를 내기보다는,

"어떻게 된 거지. 자네답지 않은데."

"늘 수고해 줘서 고맙네. 이젠 이 부분만 처리를 해준다
면 완벽하겠는데."

라는 식으로 상대가 프라이드와 자존심에 만족할 수 있
는 말을 던지도록 해주십시오.

그것을 말로 하느냐 하지 않느냐에 따라서 당신을 대하
는 상대의 태도가 완전히 바뀌게 될 것입니다.

칭찬의 말은 자연스럽게

앞에서 상대의 프라이드나 자존심을 만족시키는 말을 하면 당신에 대한 상대의 태도가 일변하게 된다고 기술했는데, 이것은 아랫사람에게만 적용되는 것이 아니고 모든 사람에게 적용되는 말입니다. 사람들은 모두 '다른 사람에게 존경받고 싶다', '인정받고 싶다', '몸담고 있는 곳에서 중요한 존재라고 인정받고 싶다' 라는 등의 자긍심에 대한 욕구를 품고 있기 때문에 상대의 그것을 만족시켜주면 되는 것입니다.

그 일환으로써 저는 '칭찬'이라는 행위를 권하고 싶습니다.

단, 칭찬을 하는 방법에도 몇 가지 주의점, 포인트가 있습니다.

❙ 마음에서 우러나는 칭찬을 할 것

마음에도 없는 입에 발린 소리를 하거나 상대를 부추기는 말을 하는 것은 삼가해야 합니다. 상대가 '아부하고 있군'이라고 생각하게 되기 때문입니다. 따라서 마음에서 우러나는 칭찬을 하도록 노력해 주십시오.

❙ 구체적으로 칭찬할 것

이것은 제 자신이 언제나 느끼는 일인데 독자로부터 '선생님의 책 정말 좋았습니다'라는 막연한 말을 듣는 것보다는 '이 부분, 굉장히 설득력이 있었습니다. 많은 도움이 되었습니다'라고 구체적인 말을 들을 때가 더욱 기쁩니다. 왜냐하면 '아, 이 사람은 내 책을 끝까지 정확하게 읽어줬구나'라는 생각이 들기 때문입니다.

그러니까 당신도 '과연, ×과장이야. 회의 진행이 매끄러운데', '그 넥타이 양복하고 아주 잘 어울리는데' 라는 식으로 최대한 구체적으로 칭찬해 주십시오.

| 상대가 가장 주목해주기 바라는 부분을 칭찬할 것

사람들은 천차만별로 '일에서 삶의 보람을 느낀다' 라는 사람이 있는가하면 '취미에서 삶의 보람을 느낀다' 라는 사람도 있습니다. 또 자신의 지위·직책을 자랑으로 생각하는 사람이 있는가 하면 소유물을 자랑으로 삼는 사람도 있습니다. 그렇기 때문에 상대의 입장에 서서 '이 사람은 무엇을 칭찬해야 가장 기뻐하겠는가? 를 생각해 보기를 당신에게 권합니다.

| 다른 사람들 앞에서 칭찬할 것

"부장님은 영어가 정말 유창하시군요."

"역시 사장님. 골프 실력도 뛰어나시군요."

"그 가방 굉장히 멋있는데. 어디 것이지? 일본에는 없는 거 아니야?"

등 같은 칭찬이라면 일 대 일의 경우가 아닌 주위에 다른 사람이 있을 때 모두가 들을 수 있을 정도의 목소리로 칭찬해 주십시오. 주위에 사람이 많을수록 효과적입니다. 왜냐하면 '주위로부터 주목받고 싶다', '많은 사람들로부터 존경받고 싶다' 라는 궁극적인 욕구를 순간적으로 만족시킬 수 있기 때문입니다.

이상, 4개의 포인트를 명심하시고 당신도 칭찬을 습관화하십시오. 그렇게 하면 곧 주위 사람들이 호감을 갖게 되어 그들로부터 절찬을 받게 될 것입니다.

말의 사용법을 되돌아볼 것

일전에 지인이 근무하는 회사에 전화를 걸었는데
젊은 남자 사원의 전화 태도가 좀 마음에 걸렸습니다.
그때의 대화를 간단하게 소개해보겠습니다.

본인 : 타나카田中 과장님 계십니까?

사원 : 과장님은 오늘 출장중이십니다.

본인 : 그럼 출장에서 돌아오시면 전화를 해 달라고 전해
주십시오.

사원 : 네, 알겠습니다. 출장에서 돌아오시면 전해 드리겠
습니다.

나는 이 전화를 끊은 후에 어딘가 좀 이상하다는 생각이

들었습니다.

남자 사원은 정중한 말로 대답해주기는 했지만 높임말의 사용법이 잘못된 것이었기 때문이었습니다.

남자 사원의 높임말을 제 나름대로 고쳐보면 다음과 같이 됩니다.

"죄송합니다. 과장은 오늘 출장중입니다."

"네. 돌아오면 전화를 드리도록 전해드리겠습니다."

이런 대답을 들었다면 이상하다는 생각이 들지 않았을 것입니다.

잘못된 언어를 직장에서 사용하면 개인은 물론 회사 전체의 이지미가 떨어지게 됩니다.

아무리 일을 잘한다 하더라도 말이 화근이 되어 제대로 된 평가를 받지 못하는 경우도 있습니다.

또 직장 이외에도 관혼상제 등 엄숙한 자리에 가야 할 경우는 누구에게라도 있을 것입니다. 그런 장소에서는 말의 사용법 하나로 주위의 인상이 크게 바뀌게 됩니다.

평소에 잘못된 언어를 사용하고 있는 사람은 상대에게 불쾌감을 주어 '지식과 상식이 없는 사람'이라고 생각되어져 인간성까지 의심받는 경우도 생깁니다. 반대로 높임

말을 바르게 사용하고 정확한 언어를 구사할 수 있다면 상대로부터 '상식을 갖춘 지성적인 사람' 으로 보일 수 있는 것입니다.

요즘 언어가 많이 혼란스러워져 있지만 어느 정도 정확한 언어를 구사할 수 있도록 하는 것도 다른 사람들로부터 호감을 받기 위한 커다란 포인트가 됩니다.

온화한 말투

앞에서 TPO에 맞는 정확한 높임말을 구사할 수 있는 사람은 상대에게 좋은 인상을 줄 수 있다는 것을 기술했습니다. 하지만 단지 정확한 높임말을 구사하면 된다는 것은 아닙니다. 정확한 언어 구사를 지식으로써 알고 있는 것이 아니고 그것을 몸에 익혀서 사용하지 않으면 아무런 의미도 없는 것입니다. 그와 함께 정중하게 말을 하는 태도도 중요한 포인트가 됩니다.

예전에 W라는 30대 남자로부터 이런 넋두리를 들은 적이 있었습니다.

"나 참, 얼마 전에는 이런 일이 있었습니다. 실은 큰아들의 유치원 입학을 위한 면접에서 어처구니 없는 실수를 했습니다. 아내가 그것이 원인이 되어 아들이 불합격 처리되었다며 바가지를 긁는 바람에 부부싸움으로까지 번지게 되었습니다."

W씨의 이야기는 이런 것이었습니다. W씨의 큰아들이 사립 유치원에 지원을 했는데 면접에서 W씨가 거친 말투로 이야기한 것이 감점의 원인이 되어 불합격 처리되었다는 것입니다.

예를 들어서 면접관이 질문을 했을 때 자신은 '그렇습니다' 라고 대답한다는 것이 '그래요' 라고 말했다든지 '그렇지 않다고 생각합니다만……' 등 부드럽게 부정해야 할 경우에 '그건 잘못된 것 아닙니까? 라는 등 강한 어조로 말해 버렸다고 합니다.

W씨의 거친 말투가 원인이 되어 큰아들이 유치원에 입학하지 못했는지에 대해서는 정확하게 알 수가 없습니다. 하지만 그의 말에 의하면 유치원 면접에서는 아이보다는 부모님을 더욱 중요시하는 경향이 있다는 것입니다. 학력,

직업, 연봉은 물론 면접에서의 예의 범절과 행동이 엄격하게 체크를 받고 있는 듯했습니다.

그 때문에 W씨 부부는 면접에 대비해서 그 유치원에 지원하게 된 이유 등을 열심히 암기했다고 하는데, 막상 면접에 들어가니 전혀 예상치도 못했던 질문을 연속해서 받게 되었고, 그에 대한 답을 생각하기에 정신이 없어서 자기도 모르게 평소의 거친 말투가 튀어 나왔다는 것이었습니다.

거친 말투라 하더라도 말투에 조금 신경을 쓰지 못했을 뿐 커다란 실례가 될 만한 말을 한 것은 아니었습니다. 하지만 그 이후로는 '괜찮으려나? 감점이 될지도 모르겠다'라고 동요하기 시작했고, 그 때문에 지원하게 된 이유도 제대로 말하질 못했고, 면접이 끝날 때쯤에는 제대로 대답하지 못하는 자신이 한심스럽게 느껴져 '쯧' 이라고 혀까지 차고 말았다는 것입니다.

확실히 W씨는 평소에 말투가 거칠었고 사기 밀만 하는 듯한, 화가 나 있는 듯한 인상을 주었습니다. 제가 보기에도 이대로라면 아무리 정확한 표준어를 사용한다 하더라도 면접관에게 좋은 인상을 주기는 힘들 것이다, 라고 생각되었습니다.

W씨의 말투가 큰아들의 입학에 영향을 주었는지는 저로서는 알 수가 없습니다. 하지만 다른 사람들에게 호감을 갖게 하기 위해서는 정중하고 온화한 말투를 사용하도록 주의하는 것도 커다란 요인이 되는 것입니다.

당신도 같은 내용이라면 상대가 거친 말투로 말할 때보다는 온화한 어조로 말할 때 더욱 상대에게 호감을 갖게 되지는 않으십니까? 그렇습니다. 사람은 '부드러운 어조' 에 끌리게 되어 있습니다. 그 사실을 염두에 두고 자신의 말투를 되돌아볼 필요가 있을 것입니다.

제3장

호감을 사기 위한 테크닉 2단계

타인의 자기중요감을 높여주자

왜 미움을 받는 것일까?

얼마 전에 20대 후반의 회사원과 이런 면담을 한 적이 있었습니다.

"인간 관계에 관한 책을 몇 권 읽고 거기에 적혀 있는 일을 제 나름대로 실천해 보았는데도 만족할 만한 결과를 얻지 못했습니다. 상사는 아직도 제게 비꼬는 듯한 소리만 하고 동료들도 차가운 시선으로 저를 바라봅니다. 도대체 제게 무슨 문제가 있는 걸까요?"

그때 저는 주저하지 않고 그 남자에게 되물었습니다.

"외람된 말씀입니다만 당신은 내심 상사나 동료를 무시하거나 깔보고 있지는 않으십니까?"

"상대의 존재감을 진심으로 인정하고 있습니까? 상대의 장점을 진심으로 인정하고 있습니까?"

그러자 그 남자는 한동안 말이 없더니 '말씀을 듣고 보니 그럴지도 모르겠습니다' 라고 말하며 고개를 끄덕이기에 저는 이렇게 충고했습니다.

"인간 관계는 거울과도 같은 것입니다. 거울을 보고 당신이 미소지으면 거울 속의 당신도 미소를 짓는 것과 마찬가지로 당신에 대한 상사나 동료들의 태도는 그들에 대한 당신의 태도를 반사하고 있는 것이라고 생각하십시오. 상대의 태도를 바꾸고 싶으시다면 먼저 상대에 대한 당신의 태도를 바꿔야 합니다. 그렇게 하면 상대도 당신에 대한 생각을 바꾸게 됩니다."

나는 그 남자에게 '우리 개개인의 잠재의식은 인간 공통의 잠재의식이라는 광범위한 마음, 즉 융이 말한 집단적 무의식에 연결되어 있기 때문에 상대에 대한 감정이 좋은 것이든 나쁜 것이든 부메랑처럼 자신에게 되돌아오게 되어 있는 것입니다. 그렇기 때문에 그 부메랑 작용을 역이용하여 플러스 요인이 되도록 활용할 필요가 있는 것입니다' 라고 말하고 싶었던 것입니다.

그리고 이 책을 읽고 있는 당신에게도 이 부메랑 작용을 플러스 요인으로 활용하도록 권하고 싶습니다.

하지만 어떻게 하면 될까요?

이번 장에서는 그 방법에 대해서 말해 보려고 합니다.

자기중요감이란?

사람들은 누구라도, 마음속으로
자신의 참된 가치를 인정받고 싶어합니다.

전에 키무라木村라는 사람이 망년회를 주재한 적이 있었습니다. 그 자리에 20명에 가까운 사람이 모였는데 건배를 한 후에 한 사람 한 사람이 간단하게 자기소개를 하기로 했습니다. 30초 전후라는 짧은 시간이었습니다.

"저는 프리랜서로서 번역을 하고 있는 ○○라고 합니다."

"저는 ××에서 회계 사무소를 경영하고 있습니다."

"저는 컴퓨터 인스트럭터인 ○○라고 합니다. 여러분을

뵙게 되어……."

그런데 A라는 남자가 자기소개를 시작한 순간 분위기가 식기 시작했습니다. 30초 전후라는 시간을 지키지 않고 자기 자랑을 늘어놓았기 때문입니다. 주재자였던 키무라 씨가 그냥 두고 볼 수 없었던지 '한 사람에 30초 정도라고 말했습니다. 이제 그쯤 해 두시지요' 라고 주의를 주었는데 그 다음에 문제가 일어나고 말았습니다. A씨가 갑자기 화를 내기 시작하더니 '급한 일이 있어서 그만 가 보겠습니다' 라고 말하곤 서둘러서 그 자리를 뜨고 만 것입니다.

그 일을 지켜보고 있던 참가자 전원이 '키무라 씨에게 잘못은 없다. 잘못한 사람은 A씨다' 라고 말하며 A씨를 비난하는 말을 했습니다. 그런데 A씨는 왜 갑자기 화를 내며 나가버린 것일까요?

그것은 키무라 씨의 '이제 그쯤 해 두시지요' 라는 말 때문에

'자기 자랑을 함으로써 망년회에 참석한 사람들로부터 존경을 받고 싶다'

'능력 있는 사람이라고 인정받고 싶다'

'참가자 앞에서 멋있게 보이고 싶다'

　라는 생각, 즉 A씨의 자기중요감이 구겨졌기 때문입니다.

　A씨에게는 고생을 거듭한 끝에 기업을 일으키게 됐다는 사정을 나중에 알게 되었습니다.

　A씨는 그 사실을 망년회에 참석한 사람들에게 알려 존경의 시선을 받고 싶어했던 것인데 그 욕구를 만족시키지 못했기 때문에 자신도 모르게 감정적으로 변해버린 것입니다. 한마디로 말하자면 자존심이 상했다고 할 수 있을 것입니다.

　덧붙여서 말하자면 이와 같은 이야기는 고금을 막론하고 헤아릴 수도 없이 많이 있습니다. 충신장忠臣藏으로 유명해진 〈덴츄・마츠노로우카殿中・松の廊下의 사건〉을 일으킨 아사노 타쿠미노카미淺野內匠頭 등은 그 전형적인 인물이라고 할 수 있겠습니다.

　타쿠미노카미가 칼을 빼들고 키라 코즈케노스케吉良上野介에게 달려든 것은 코즈케노스케가 그에게 '시골 대신'이라고 소리쳐 대신으로서의 자존심이 구겨졌기 때문입니다.

　오다 노부나가에 반기를 든 아케치 미츠히데明智光秀도

마찬가지. 미츠히데가 모반을 일으킨 가장 큰 이유도 역시 노부나가가 그의 자존심을 구겼고 이에 견딜 수 없어서였습니다.

아케치 미츠히데라는 무장은 그 누구보다도 지성과 교양을 겸비한 인물이었습니다. 그리고 그것을 다른 사람에게 이야기하는 것으로 프라이드를 만족시키고 있었습니다.

그런데 노부나가의 입장에서는 보자면 미츠히데의 그런 거만한 태도가 마음에 들지 않았던 것입니다. 그 때문에 노부나가는 여러 가신들 앞에서 미츠히데를 큰 소리로 비웃어 창피를 주려고 했던 것입니다. 노부나가의 비웃음은 점점 더 심해졌고 미츠히데의 프라이드에 커다란 상처를 주어 자존심을 철저하게 뭉개면서 쾌감을 느꼈던 것입니다. 그 결과가 미츠히데의 반역, 즉 혼노우지本能寺의 변이라는 비극적인 결말로 연결된 것이었습니다.

위의 예에서 볼 수 있듯이 자기중요감에의 욕구는 육신의 파멸을 막으려는 마음, 즉 자기방어본능보다 훨씬 강한 것이라고 말할 수 있을 것입니다.

그렇다면 인간이라면 누구나가 다 품고 있을 이 자부심

에의 욕구를 활용하지 않으면 안 될 것입니다. '자신이 임하고 있는 자리에서 중요한 존재로 인정받고 싶다', '다른 사람보다 우수해지고 싶다', '주위 사람들로부터 존경의 시선을 받고 싶다', '사람들에게 멋있게 보이고 싶다' 라는 욕구를 만족시키도록 하는 것입니다. 그것도 입에 발린 소리나 아부가 아닌 진심에서…….

앞에서 기술한 '부메랑 작용' 을 플러스 요인으로 활용한다는 것은 바로 이것을 두고 하는 말로, 이것만 만족시켜 준다면 당신에 대한 타인들의 생각도 바뀌게 될 것입니다.

하지만 자부심에는 개인차가 있고 여러 가지가 있을 수 있습니다. 앞에 기술한 바와 같이 일에 관해 칭찬을 받으면 기뻐하는 사람이 있는가 하면 취미나 소유물에 대해 칭찬을 받으면 기뻐하는 사람도 있습니다. 또 성별이나 연령에 따라서도 그것은 달라집니다.

그러면 다른 사람의 자기중요감을 만족시키기 위해서는 어떤 점을 염두에 두어야 할까요?

타인의 재능을 인정할 것

사람들은 제각각 다른 재능을 가지고 있습니다.
그것을 말로 표현하여 칭찬하십시오.
기쁨과 감동의 씨앗을 상대의 마음에게 뿌리는 결과가 될 것입니다.

타인의 자부심에의 욕구를 만족시켜 주기 위해서는 가장 먼저 상대의 일하는 모습이나 그 사람 특유의 능력을 인정하고 그것을 말로 표현해서 칭찬해 주는 것이 좋습니다.

조금씩 개인차는 있겠지만 직장에서 일하는 모습이나 능력을 인정받는 것을 싫어할 사람은 없을 것입니다. 왜냐하면 그렇게 하면 '나는 직장에서 중요한 존재다', '존재가치가 있는 인간이다' 라는 사실을 자각함과 동시에 '다른 사람에 비해서 이런 점이 뛰어나다' 라는 우월감에 잠길 수도 있기 때문입니다.

그리고 일하는 모습이나 능력을 인정받으면 누구라도 자신을 인정해준 사람에게 호감을 갖게 됩니다. 적어도 '저 사람만은 나의 일하는 모습이나 능력을 인정해 주고 있다', '저 사람만은 특별한 존재다' 라는 생각을 갖게 될 것입니다.

그러니까 당신도 상사·동료·부하를 막론하고 '상대의 이런 점은 뛰어나다', '상대의 이런 부분은 나도 배울 필요가 있다' 라고 생각되면 그것을 말로 표현해서 칭찬해 주십시오.

"과연 부장님, 회의 진행이 아주 매끄러우십니다. 저도 배우고 싶습니다."

"○○씨는 컴퓨터 조작이 빠르고 정확한데요. 존경스러울 정도입니다."

"언제나 놀랍단 말이야. 자넨 문장력 뿐만 아니라 설득력도 있고. 아주 멋져."

이런 말을 듣고 싫어할 사람은 없을 것입니다. 오히려 굉장히 유쾌한 기분이 들어서 당신에게 좀더 인정을 받으려고 노력할 것입니다.

여사원이 커피나 차를 내왔을 때도 마찬가지입니다. 이렇게 말해서 상대의 자부심을 높여줍시다.

"언제나 고마워. 자네가 타주는 차는 정말 맛있단 말이야."

"자네가 타주는 커피는 찻집에서 마시는 것보다 훨씬 맛있단 말이야."

일반적으로 차를 탄다고 하면 '아무런 가치도 없는 비생산적인 일', '잡부와도 같은 역할' 이라고 생각하기 쉽지만 당신의 이 한마디로 상대의 생각이 바뀌게 되는 것입니다.

상대의 실적을 인정할 것

상대의 역할·실적을 칭찬해 주십시오.
그것은 동시에 당신이 자신을 칭찬하는 것을 의미합니다.

일하는 모습이나 그 사람 특유의 능력을 칭찬하는 것과 마찬가지로 역할이나 실적을 칭찬하는 것도 상대의 자부심을 높여주는 데 있어서 커다란 포인트가 됩니다.

아니, 어떤 의미에서는 일하는 모습이나 능력을 칭찬하는 것 이상의 효과가 있다고 말할 수도 있습니다. 왜냐하면 일하는 모습이나 그 사람 특유의 능력은 성과를 내기 위한 '프로세스' 에 지나지 않지만 역할이나 실적은 '성과' 와 같은 것이어서 그것을 평가받거나 칭찬을 받으면 상대는 자기실현에 가까운 만족감·행복감을 만끽할 수 있게 되기 때문입니다.

생각해 보십시오. 만약 당신이 작가라면 독자로부터 '역시 선생님은 뛰어난 문재文才이십니다' 라는 말을 듣는 것과 '역시 선생님의 책은 베스트셀러가 될 만큼 짜임새가 있습니다' 라는 말을 듣는 것 중 어느 쪽이 더 기쁘겠습니까? 틀림없이 후자일 것입니다. 아니 오히려 전자와 같은 말을 듣는다면 '나는 프로 작가다. 글에 재주가 있는 것은 당연하다. 사람을 무시해도 유분수지' 라고 불쾌하게 생각할 사람도 있지 않을까요?

그렇기 때문에 일하는 모습이나 능력을 칭찬하기보다는 역할이나 실적을 칭찬하는 것이 '이 사람에게는 효과가 있다' 라고 느껴진다면 다음과 같은 말을 해주십시오.

"아직 젊으신데 사원이 50명이나 되는 회사를 경영하고 계시다니, 정말 대단하시군요."

"요즘 우리 회사의 상품이 잘 팔리고 있는 것은 전무님이 신규점포를 개척해 주신 덕분입니다."

이런 말을 듣는다면 누구라도 자신의 일에 대해서 자부심을 갖게 될 것이고 당신에게도 호의적으로 접근해 올 것입니다.

　또 직책을 불러주는 것도 좋을 것입니다. 아무리 친한 하청업체라 하더라도, 또 개인 사업주라 하더라도 '사장님'이라고 부르면 좋아하는 것입니다. 마찬가지로 국가 인증 자격증을 가지고 있는 사람이나 그 방면의 전문가에 대해서는 무엇인가 가르침을 받았을 경우에는 '선생님'이라고 부르십시오. 그것만으로도 상대의 자기중요감은 한층 더 높아지는 것입니다.

취미를 알아둘 것

이와 같이 자기중요감에도 개인차가 있고 그 종류도 다양합니다. 일하는 모습이나 능력을 인정받았을 때 기뻐하는 사람이 있는가 하면 취미를 높이 평가 받고 싶어하는 사람도 있습니다. 그렇기 때문에 후자에 해당하는 사람에 대해서는 '공략법'을 바꿔 취미를 통해서 상대의 자기중요감을 높여주는 것이 좋을 것입니다.

예를 들어서 아주 흔한 취미라 할지라도, 다른 사람이 보기에는 하찮아보이는 취미라 할지라도 그것을 인정하고 칭찬을 하도록 하는 것입니다.

"우와, 재즈 레코드를 2천 장이나 가지고 계십니까? 대단한데요……. 재즈 카페 뺨치겠는데요."

"○○씨 스키 실력이 굉장하다면서요. 지금 직장 그만둬도 스키 인스트럭터로 갈 수 있죠?"

"○○씨는 해외 여행을 많이 하셨다면서요. 얼마 전에는 아마존에 있는 오지에 다녀오셨다구요? 이야, 부럽네요. 나는 대만하고 한국같이 가까운 곳밖에 가 보질 못했는데."

그리고 여기서 중요한 것은 좀 과장되게 감동하고 배우려는 자세로 상대와 접해야 한다는 것입니다. 그렇게 하면 상대도 '아, 이 사람은 내 취미에 관심을 갖고 있구나' 라는 생각을 갖게 되어 당신에게 호감을 보이게 됩니다. 그리고 무엇보다도 그런 태도로 접하면 의외로 당신 자신이 그 취미에 매료되어 빠져들게 될 가능성도 있는 것입니다. 사람에게 호감을 주고 스스로는 새로운 취미를 발견하게 된다면 이것은 일석이조라고 할 수 있을 것입니다.

또 당신과 같은 취미를 갖고 있는 상대 앞에서는 당신이 그 분야에 더욱 정통해 있다고 하더라도 그것을 드러내서는 안 됩니다.

제가 알고 있는 한 여자 분이 맞선 자리에서 해외여행에 취미가 있다고 하는 상대에게 '상당히 여러 군데를 여행하신 것 같은데 이제 단체 여행은 그만하시고 혼자서 여행을 해 보시는 것이 어떻겠습니까? 라고 말했습니다. 이 쓸데없는 한마디 때문에 상대는 화가 났고 맞선은 그것으로 끝나고 말았습니다.

말할 것도 없이 열등감을 느끼게 해서 상대의 자기중요감을 구겼기 때문입니다.

소유물을 칭찬할 것

한 상사에 근무하는 나카니시中西 씨의 이야기를 소개하겠습니다.

지금부터 약 15년 전에 나카니시 씨가 동료들과 함께 직속 상사인 부장님 댁에 새해 인사를 드리러 간 적이 있었습니다. 부장이 거실에 놓여 있는 오디오 세트를 가리키며 '이건 CD도 들을 수 있는 거라네. 자네 CD가 뭔지 알고 있나? 라고 자랑스럽게 말했습니다. 이에 나카니시 씨가 '그 정도는 저도 알고 있습니다. 지금부터는 아날로그가 아닌

디지털 시대가 될 것입니다. CD가 딸려 있는 오디오는 아키하바라秋原에 가면 많이 볼 수 있습니다' 라고 대답했더니 부장은 벌레를 씹은 듯한 표정으로 입을 다물어 버리고 말았습니다. 그제서야 나카니시 씨도 '아차, 쓸데 없는 말을 했구나' 라고 후회를 했다고 합니다.

그러면 부장은 왜 벌레를 씹은 듯한 표정을 지은 것일까요? 당시에는 진귀했던 CD가 딸린 오디오의 가치를 나카니시 씨가 인정하지 않았기 때문에 그에 따른 부장의 자기 중요감이 구겨져버렸기 때문입니다. 즉 부장은 CD가 딸린 오디오를 자랑함으로써 우월감을 느끼거나 '부장님은 과연 갖고 있는 물건도 다르다' 라고 부하들로부터 존경의 눈빛을 받기를 원했던 것입니다.

나카니시 씨와 같은 실수를 하지 않기 위해서라도 당신 주위에 이 부장처럼 소유물에 자부심을 느끼는 사람이 있다면 아낌없이 칭찬해 주거나 관심을 보이도록 노력하십시오.

단 그럴 경우에는 '상무님 댁은 정말 멋있는데요. 특히 거실의 샹들리에는 유럽의 성에서나 볼 수 있는 것 아닙니까? , '이 자동차 정말 은은한 멋이 있는데요. 굉장히 비싼 것 아닙니까? 라는 식으로 될 수 있으면 구체적으로 말하는 것이 중요합니다. 또 '상무님 댁은 정말 멋있는데요. 우리 집은 비교도 안 될 정도입니다' 라는 식으로 좋은 의미에서의 자기비하도 때에 따라서는 중요한 것입니다. 그것만으로도 상대의 자기중요감은 한 단계 높아지는 것입니다.

물론 이것은 연인 관계에 있어서도 예외는 아닙니다. '그 스카프 무늬 정말 멋있는데', '이 스포츠카 정말 멋있는데' 라는 말을 한다면 그것만으로도 상대의 마음을 완전히 사로잡을 수 있을 것입니다.

상대와 가까운 사람들을 칭찬할 것

여기서 당신에게 질문을 하나 하겠습니다. 처음으로 애인이 생겼을 때를 생각해 보십시오. 부모님도 좋고 친구도 좋습니다. 그 사람들에게 '예의 바르고 성실해 보이는 참한 아가씨', '얼굴도 잘생겼고 세련된 남자. 당신에게는 좀 아까운 사람' 이라는 식으로 애인을 칭찬하는 말을 들었을 때 당신은 어떤 기분이었습니까? 굉장히 기쁘지 않았습니까? 우쭐대고 싶은 마음은 들지 않았습니까? 그와는 반대로 '네 애인 성격이 좀 안 좋아 보이는데', '남자가 말이 많아서 좀 가벼워 보이는데'라고 애인을 좋지 않게 말하는 것을 들었을 때 당신은 어떤 기분이 들었습니까? 틀림없이 불쾌하고 화가 났을 것입니다.

결혼을 해서 아이가 있는 사람에게도 같은 말을 할 수 있을 것입니다. 자신의 가족을 칭찬하는 소리를 듣고 기뻐하지 않을 사람은 거의 없을 것입니다. 오히려 가족의 칭찬을 들으면 그 사람은 자신의 존재감을 느끼게 될 것이고 결국에는 자기중요감까지 높아지게 될 것입니다.

그렇다면 이 심리작용을 염두에 두고 다른 사람의 가족을 아낌없이 칭찬해 주십시오.

"자네 그 넥타이 굉장히 멋있는데. 혹시 부인이 골라준 건가? 자네 부인 상당히 센스가 있는데."

"부장님의 아드님, 일류대학 의과대학에 단번에 합격했다는 얘길 들었습니다. 굉장한데요. 정말 머리가 좋은가 봅니다."

물론 당신이 이렇게 말한다면 상대는 '아닐세, 자네가 너무 높이 평가하고 있을 뿐이야'라고 말할지도 모르겠습니다. 하지만 속마음은 그렇지가 않습니다. 굉장히 기뻐하고 있을 것입니다. 거기에 상대가 보다 행복함을 느끼게 하기 위한 방법으로 이번에도 역시 적절히 자기를 비하하는 이런 말을 보탠다면 좋을지도 모르겠습니다. 상대는 틀림없이 당신에게 호감을 갖게 될 것입니다.

"자네 부인의 센스를 우리 와이프에게도 좀 배우라고 해야겠는데."

"우리 아들 녀석도 부장님의 아드님을 좀 본받았으면 좋겠어요."

살아가는 방법 그 자체를 칭찬할 것

상대의 살아가는 방법이나 가치를 인정하면, 당신은 어떻게 될까요?
여기서는 단순한 산술법은 통용되지 않습니다.
당신도 마찬가지로 상대로부터 살아가는
방법이나 가치관을 인정받게 됩니다.

예전에 어떤 분의 생일 파티에 참석한 적이 있었습니다. 거기에 참석한 A씨와 B씨가 사소한 일로 언쟁을 시작했고 그것이 원인이 되어 파티의 분위기가 깨져 버리고 말았습니다.

A씨가 '일본은 번잡하기도 하고 스트레스만 쌓여서 가까운 미래에는 남쪽의 섬에서 살고 싶다' 라고 말한 것에 대해서 B씨가 '그건 현실도피다. 스트레스가 쌓이는 건 당신만이 아니다. 당신은 세상을 너무 쉽게 보고 있다' 라는

식으로 말끝마다 이견을 보였기 때문에 A씨가 감정적으로 변해 언쟁을 벌이게 된 것입니다.

양쪽 모두의 의견에 수긍이 가지 않는 것은 아니지만 저는 B씨의 태도에 문제가 있었다고 생각했습니다. 왜냐하면 B씨는 A씨가 생각하고 있는 일을 애초부터 부정하고 있었기 때문입니다. 그렇기 때문에 A씨로서도 이야기가 즐거울 리가 없었을 것입니다.

그럼 B씨와 같은 실수를 범하지 않으려면 어떻게 해야 할까요? 결론부터 말하자면 아무리 자신의 생각에 반대되는 의견이라 할 지라도 상대의 생각을 긍정해주는 것입니다. 즉, 위의 경우에 비추어 말하자면 'A씨는 왜 스트레스가 쌓이는 걸까?', '일본의 어떤 점에서 번잡스러움을 느끼는 것일까?', 'A씨는 왜 남쪽의 섬에서 활로를 찾으려고 하는 것일까? 라는 식으로 A씨가 그렇게 생각하게 된 배경·이유를 생각해서 받아들이도록 하는 것입니다.

상대의 생각을 받아들인다는 것은 상대의 살아가는 방법·가치관·인생관·존재·관심사 등을 인정하는 일, 즉 넓은 의미에서 자기중요감에의 욕구를 만족시켜주는 것입니다. 그런 자세로 상대와 접촉해 간다면 이심전심으로 상대도 당신에 대해서 같은 태도를 취할 것입니다.

　물론 당신이 당신만의 삶을 끝까지 지키고, 당신만의 가치관을 갖는 것은 매우 중요한 일입니다. 하지만 그것에 너무 집착하여 자신의 살아가는 방법이나 가치관과 잘 맞지 않는 사람을 비난하거나 자신의 생각을 주입시키려 한다면 상대는 반발심을 느껴 당신에게 적대심을 갖게 된다는 것을 부디 잊지 말아주십시오.

관심을 보일 것

상대에게 관심을 보이십시오.
상대와 당신의 거리가 한층 더 가까워질 것입니다.

후지타藤田 씨가 어떤 스터디에서 알게 된 Y씨에게 다음과 같이 말했습니다.

"저는 비틀즈를 아주 좋아합니다. 그래서 한 음악 평론가가 쓴 비틀즈에 관한 책을 찾고 있습니다만 절판됐는지 헌책방을 아무리 뒤져봐도 찾을 수가 없습니다."

그때 Y씨는 '거참 아깝군요' 라며 그저 머리를 끄덕이는 정도였습니다만 인연이란 참으로 묘한 것이었습니다.

일주일 뒤, Y씨는 시내 헌책방에서 우연히도 후지타 씨가 그렇게도 손에 넣고 싶어하던 그 책을 발견하게 된 것입니다. 그래서 Y씨는 그 책을 후지타 씨에게 보내 줬습니다. 얼마 후, 후지타 씨가 Y씨에게 전화를 걸어 몇 번이고 정중하게 감사의 말을 전하면서 마지막에 이렇게 말했다는 것입니다.

"저는 Y씨를 알게 된 것을 영광으로 생각하고 있습니다. 사람과의 만남으로 이렇게 감동받은 적은 없었습니다."

후지타 씨에게 그런 말을 들은 Y씨는 좀 쑥스러운 마음까지 들었다고 합니다.

그렇다면 후지타 씨는 어째서 감동한 것일까요? 그것은 오래 전부터 갖고 싶어했던 책을 Y씨가 찾아줬기 때문이라는 것은 말할 것도 없고, 첫만남이었음에도 불구하고 Y씨가 후지타 씨에게 관심을 보여준 것에 감격했기 때문입니다. 후지타 씨는 그 책에 대한 이야기를 그저 잡담을 하는 정도의 기분으로 한 것입니다. 그런데 그 잡담 속에서 Y씨는 후지타 씨의 관심사와 그가 갖고 싶어하는 것을 파악, 그에 대한 관심을 보였기 때문에 후지타 씨의 자기중요감, 즉 '자신의 이야기를 잘 들어주기를 바란다', '존재가치를 인정받고 싶다' 라는 생각이 만족되었기 때문입니다.

사람은 누구나가 다 자신에게 관심을 갖기를 바라고 있습니다. 그러니까 당신도 상대가 관심을 갖고 있는 것을 파악해서 그 욕구를 채워 주도록 해보십시오. 꼭 상대가 필요로 하는 것을 구해다 줄 필요는 없습니다. 단지 상대의 이야기를 아무 말 없이 들어주는 것만으로도 충분합니다.

그렇게 하면 상대는 감격해서 이번에는 당신에 대해서 관심을 갖도록 노력하게 될 것입니다.

감동했다는 것을 표현할 것

사소한 일에 대해서도 좀 과장되게 감동해 주십시오.
그렇게 하는 것만으로도 상대의 프라이드나 자존심에 관계되는
가장 큰 욕구를 만족시킬 수 있습니다.

여기서 다시 한번 당신에게 질문해 보겠습니다.

직장 동료가 바쁘게 일하고 있는 것을 보고 당신이 그를 위해서 도시락을 사 왔다고 합시다. 이때, '고마워. 얼마였어?'라는 말을 듣는 것과 '우와, 고마워! 시간이 없었는데', '고마워. 이 집 도시락 꼭 먹어보고 싶었는데. 정말 고마워!'라는 말을 듣는 것 중에 어떤 것이 더 기쁘겠습니까? 틀림없이 후자의 경우에 더욱 호감을 갖게 되지 않을까요?

또 당신이 외국 여행을 다녀와서 친구에게 그 이야기를

할 경우, 그저 아무 말 없이 들어주는 것과 '이야, 굉장한
데', '우와, 좋았겠다', '부러운데' 라는 말과 함께 들어주
는 것 중에 어느 것이 더 기쁘겠습니까? 틀림없이 후자일
것입니다.

왜냐하면 감사나 감동의 마음을 조금 과장되게 말이나
표정, 몸짓으로 표현하면 '이 사람은 나를 평가해 주고 있
구나', '내가 하는 말에 관심을 갖고 있구나' 라는 생각을
갖게 되어 무의식적으로 당신의 자기중요감이 높아지기
때문입니다. 그러니까 당신도 그 심리작용을 역이용하여
누군가가 무엇인가를 해 주었을 때나 다른 사람의 이야기
를 들을 때는 조금 과장되게 감동을 표현해 보는 게 어떨까
요?

"해외 여행 선물? 우와, 정말 고마워. 이 향수 전부터 갖
고 싶었는데."

"응? 영어검정시험 1급에 합격했다고? 굉장한데."

"응? 사잔올스타즈(일본 최고의 그룹사운드)의 콘서트에
갔다 왔다고? 우와, 부러워라. 정말 즐거웠겠는데? 좋았겠
다."

이처럼 놀람이나 감격의 말을 더하는 것이 포인트로 그

것만으로도 상대는 기분이 좋아질 것입니다. 사람은 모두
자신에게 관심을 갖기를 원합니다. '평가받고 싶다', '감
사나 감동의 마음을 받고 싶다' 라고 생각하고 있습니다.
그러므로 당신이 먼저 관심을 보이고 평가해 주고 감격의
마음을 표현할 필요가 있는 것입니다.

마음이 맞지 않는 사람을 대할 때

마음이 맞지 않는 사람들 사이에는
하나의 커다란 특징이 있습니다. 그것은 서로가
'상대보다 앞서가고 싶다'라는 욕구를 갖고 있는 것입니다.

공과 사를 막론하고 누구에게나 '잘 맞지 않는 사람'이 한두 사람 정도는 꼭 있기 마련입니다. 개인적인 관계라면 상관없겠지만 그것이 직장에서 상사나 동료라면 좀 문제가 될 것입니다.

매일 그 사람들과 얼굴을 마주하지 않으면 안 되는 상황에서 책상을 나란히 하고 일을 한다고 생각하니 싫어지는 건 당연하죠. 개중에는 그런 마음 때문에 실수를 연발하는 사람도 있을지도 모르겠습니다.

또 '며느리가 미우면 발뒤꿈치가 달걀 같다고 나무란다' 라는 속담처럼 일단 상대를 미워하기 시작하면 상대의 모든 것이 밉게 보여 상대의 장점마저도 결점으로 보이게 되는 경우도 있습니다. 그렇게 되면 문제는 더욱 커집니다. 얼굴을 마주할 때마다 불쾌해져서 스트레스가 점점 쌓이게 되는 것입니다.

지금부터 소개하는 S씨도 그런 문제로 상당히 골머리를 썩고 있었습니다. S씨와 동기인 Y라는 동료는 마치 물과 기름처럼 성격이 상극이어서 서로 이야기를 나누고 싶다는 마음조차 생기지 않았습니다.

평소에 일본어의 히라가나로 컴퓨터를 조작하는 S씨는 '알파벳 순서로 입력하는 편이 빠르고 편리하다' 라고 다른 사람들이 말해도 아무렇지 않게 받아들였는데 Y씨가 같은 말을 하자 분한 마음에 잠을 잘 수 없을 만큼 화가 났다고 합니다.

그래서 저는 S씨에게 다음과 같은 조언을 했습니다.

"이대로라면 Y씨와의 사이가 더욱 나빠질 뿐입니다. 그래서 드리는 말씀인데 당신이 그녀보다 아래에 있다고 생각해 보시면 어떻겠습니까? 물론 처음에는 심한 반발감이 있을 것입니다만……."

이렇게 말하자 S씨는 의아스럽다는 표정을 지었습니다. 그래서 또 이런 조언을 했습니다.

"성격이 잘 맞지 않는 사람들 간에는 서로 '상대보다 앞서가고 싶다', '상대보다 내가 위에 서고 싶다' 라는 욕구가 있습니다. 아마 당신에게도 그런 마음이 있을 것이라고 생각합니다. 그렇다면 잘 맞지 않는 사람과 무리해서 맞서려고 하지 말고 차라리 당신이 한 발 물러서서 상대를 윗자리에 세우는 것입니다. 당신이 어른이 되는 것입니다. 상대보다 아래에 선다는 것은 그런 의미입니다."

제 조언에 따라 S씨는 그 후 한 발 물러서서 Y씨에게 이런 식으로 말할 수 있게 노력했답니다.

"당신은 컴퓨터 조작이 정말 빠른데. 나도 당신이 말한 대로 알파벳 순서로 입력하는 법을 배울까봐."

"그리고 딩신은 정말 글씨도 잘 써. 부러워."

그리고 개인적인 일로 이야기를 나눌 때도 이런 식으로 말하도록 주의를 기울였다고 합니다.

"그 가방 정말 멋있는데. 응? 브랜드라고? 역시……. 내 가방은 벌써 너덜너덜해졌는데."

"이번 휴가에 발리 섬에 간다고? 좋겠다. 부러워라. 나는 1박 2일로 온천에 가는 게 고작인데."

S씨가 이렇게 말을 하기 시작한 지 2주일 뒤, 아주 흥미로운 일이 일어났습니다.

이번에는 Y씨가 S씨에게 이런 말을 하게 되었습니다.

"얼마 전에 나한테 '컴퓨터 조작이 빠르다' 라고 했었지? 하지만 그것도 생각하기 나름이야. 좀 전에 과장님한테 '자네는 오·탈자가 너무 많아. 빠르다고 좋은 게 아니야. 좀더 신중을 기해서 해' 라고 혼났어. 그런 면에서 너는 오·탈자가 적고 문장력도 있잖아. 부러워. 나도 그랬으면 좋겠어."

또 이런 말도 했다고 합니다.

"어머, S씨 머리 모양 바꿨네. 예쁜데. 굉장히 잘 어울려. 나는 머리가 곱슬이라……. 부러워라."

"나처럼 영어를 전혀 모르는 사람을 위한 책 없을까? S씨는 영어 잘하잖아. 좋은 책이 있으면 소개 좀 해줘."

여담입니다만 이 두 사람, 지금은 연휴나 휴가를 이용해서 함께 여행까지 가는 사이가 되었다고 하니 인간 관계란 어떻게 될지 모르는 것입니다.

　　이 모두가 S씨가 제 조언에 따라 상대보다 아래에 서려고 노력한 결과입니다. 자신이 한 발 물러서서 '이 사람보다 앞서가고 싶다', '이 사람보다 위에 서고 싶다'라는 상대의 자기중요감을 만족시켜 주었기 때문에 상대의 태도도 급변하게 된 것입니다.

　　당신도 예외는 아닙니다. 잘 맞지 않는 상대가 있다면 당신이 먼저 아래에 서 보세요. 당신보다 상대가 뛰어나다는 점을, 상대가 느끼게 하는 것입니다.

　　그렇게 하면 S씨의 예에서처럼 '어제의 적'이 '오늘의 친구'로 변하게 될 가능성이 있는 것입니다.

겸허한 자세

배우는 자세로 사람을 대하십시오.
상대에게 더욱 우월감을 느끼게 할 것입니다.

타인의 자기중요감을 높여주기 위해서는 칭찬의 말을 던지거나 관심을 보이는 것이 중요하다고 했는데, 거기서 한발 더 나아가 상대에게 배우는 자세로 임해 보는 것도 하나의 방법일 것입니다.

앞에서 성격이 잘 맞지 않는 사람 간에는 서로 '내가 앞서 가고 싶다', '위에 서고 싶다'라는 마음의 욕구가 있다고 말했는데, 이와 같은 '우월감을 느끼고 싶다'라는 생각은 인간인 이상 많든 적든 누구나가 가지고 있는 것입니다.

그것을 만족시켜 주도록 하는 것입니다.

예를 들어서 당신이 일본사史에 정통해 있습니다. 한 후배가 '선배님, 세끼가하라關ヶ原 전투에서 토쿠가와 이에야스德川家康가 승리할 수 있었던 가장 큰 요인은 무엇이었습니까? 라고 물어오면 당신은 틀림없이 자랑스레 대답해줄 것입니다.

그런데 그때 또 다른 후배 한 명이 '그건 서군西軍의 유력한 대신이 동군東軍에 투항했기 때문입니다' 라고 참견을 한다면 당신은 어떤 기분이 들겠습니까? 틀림없이 '뭐야 이 녀석……. 웬 참견이야? 라며 불쾌해지지는 않을까요?

어째서일까요? 그것은 자신이 가르친다는 입장에 서서 느낄 수 있는 우월감을 맛볼 기회를 빼앗겼기 때문입니다.

따라서 일에 있어서나 취미에 있어서나 그 어떤 것이든 상관없습니다. 상대가 잘하는 분야 중에서 당신이 알고 싶은 것이 있다면 겸허한 자세로 서슴지 말고 질문해 보십시오.

"컴퓨터로 표 계산을 해야 하는데 어떤 프로그램을 사용하는 게 좋을까?"

"자네는 인터넷을 잘 이용하지? 이것에 관한 정보를 얻

으려면 어떻게 하면 좋을까?'

"실은 호주로 여행을 가려고 하는데 관광 포인트를 좀 가르쳐 주십시오. 부장님께선 해외 여행의 달인이지 않습니까?"

이와 같이 배우는 자세로 겸허하게 상대와 접한다면 상대는 우월감을 느끼게 될 것이고, 자신도 모르게 당신에게 호감을 갖게 되어 당신을 위해서라면 최선을 다해 도움을 주려는 마음을 갖게 될 것입니다. 그것이 인간의 일반적인 심리인 것입니다.

자신의 존재감의 재확인

사람은 자신의 존재감을 느끼게 됐을 때
그런 기분이 들게 해준 사람에 대해서 호감을 갖게 됩니다.

거기에 한발 더 나아가서 상담을 해보는 것도 좋을지 모
르겠습니다.

상담을 하는 상대는 '이 사람은 나에게 의지하고 있다',
'나는 가치가 있는 사람이다' 라는 생각을 갖게 되어 이 역
시 무의식적으로 '우월감을 느끼고 싶다', '사람들로부터
존경받고 싶다' 라는 욕구가 충족되기 때문입니다.

단, 무슨 일이든 상담을 청하면 된다는 이야기는 아닙니
다. 귀찮은 문제나 어떻게 해볼 수도 없는 문제의 상담이라

면 오히려 상대의 자기중요감을 구겨버리는 결과가 되기 때문에 부작용이 일어날 가능성도 있습니다. 그렇기 때문에 상대가 잘 알고 있는 분야, 전문 분야를 사전에 파악해서 '이 분야에 관해서라면 저 사람은 자신을 갖고 있을 것이다' 라는 문제에 대해 상담하도록 하십시오.

인쇄 회사에서 영업을 맡고 있는 아키야마秋山 씨는 이 방법으로 커다란 계약을 성사시킨 경험이 있습니다. 하루는 아무런 약속도 없이 영업 때문에 한 회사에 간 적이 있었습니다. 처음에는 역시 문전박대를 당했습니다. 하지만 몇 번이고 거듭 출입하는 동안 그 회사의 홍보 담당자인 사카이坂井 씨가 풍수지리설에 능통하다는 것을 알게 되었습니다. 그래서 아키야마 씨는 날을 잡고 퇴근 시간에 맞춰 그 회사로 가서 사카이 씨에게 다음과 같이 말했습니다.

"오늘은 일 때문에 찾아온 것이 아닙니다. 실은 사카이 씨가 풍수지리설을 연구하고 계시다는 얘기를 들었는데 그에 대한 얘기를 듣고 싶어서⋯⋯. 어떻게 해야 집안이 평안해지는 건지, 그것에 대해서 이야기를 해 주실 수 없겠습니까?"

아키야마 씨의 느닷없는 부탁에 사카이 씨도 처음에는

놀란 듯한 표정이었지만, 그로부터 계약을 성사시키는 데 한 달도 걸리지 않았다고 합니다.

아키야마 씨의 겸허한 자세와 배움을 청하는 자세 때문에 사카이 씨의 마음이 움직였다는 것은 말할 필요도 없는 사실이고, 자주 상담을 함으로 해서 스스로의 존재감을 느끼게 되었고 그 계기를 마련해 준 아키야마 씨와 많은 이야기를 나누고 싶다는 욕구를 느끼게 된 것입니다. 그렇게 하기 위해서는 아키야마 씨와 함께 일을 하는 것이 좋겠다고 생각했기 때문입니다.

타인의 과오를 책망하지 말 것

상대의 과오를 필요 이상으로 추궁하는 순간
불행은 시작됩니다.

한 회사의 사장이 부하들을 모아서 파티를 열었습니다.

그 자리에서 외국산 과자를 한 입 베어문 사장이 '과연 네덜란드 산 과자는 맛있군' 이라고 말한 순간 옆에 있던 사원이 '사장님 그건 네덜란드 과자가 아닙니다. 포르투갈 과자입니다' 라고 말해서 두 사람 사이에 과자의 원산지를 놓고 가벼운 언쟁이 일어났다고 합니다.

"이건 네덜란드 과자야."

"사장님 착각하고 계신 것 아닙니까? 이건 포르투갈 과자입니다.”

“아니, 틀림없어. 이건 네덜란드 과자야.”

“아닙니다.”

이런 대화를 한동안 나누던 사원은 이대로는 결론이 나질 않겠다 싶었습니다. 그래서 포르투갈 사람으로부터 들은 그 과자의 유래를 한동안 설명하기 시작했습니다.

사원의 이야기가 끝난 직후 사장은 아주 불쾌한 얼굴로 그 자리에서 떠나 버렸습니다.

“나는 바른 소리를 했는데 사장님은 어째서 화를 내는 걸까?”

석연치 않은 얼굴을 하고 있는 사원에게 옆에 있던 사장의 비서가 이렇게 말했습니다.

“당신의 말은 모두가 옳았습니다. 하지만 이런 자리에서 그렇게 할 필요가 있었을까요? 그럼 사장님의 체면이 뭐가 되겠습니까?”

비서가 이런 말을 한 것은 다른 의미가 아닙니다. 많은 사람 앞에서 상대의 실수를 추궁하거나 상대의 잘못에 대해 바른 소리만 한다면 이는 역시 상대의 자기중요감을 구겨버리는 결과가 된다는 것을 강조한 것에 지나지 않습니다.

사람들 앞에서 수치심을 느끼는 것 만큼 괴로운 일도 없습니다.

그렇다면 상대의 과오를 추궁하거나 바른 말을 하기 전에 TPO를 판단하여 그것을 그만두는 것도 상대에게 호감을 받기 위한 조건의 하나가 될 것입니다.

적극적으로 장점을 칭찬할 것

상대의 장점을 주위 사람들에게 말해 주십시오.
호감을 받기 위한 주문이 될 것입니다.

토요토미 히데요시豊臣秀吉는 키노시타 토키치로木下藤吉郞라 불리던 시절 노부나가信長를 아낌없이 칭찬했다고 합니다. 그것도 본인이 없는 자리에서 이런 식으로…….

"노부나가 님은 선견지명이 있으시다. 그분은 다른 대신들보다 한 치 앞이 아니라 두 치, 세 치 앞까지 내다보고 계시다. 대단하신 분이다."

"독수리가 발톱을 숨긴다는 것은 바로 노부나가 님을 두고 하는 말이다. 그분은 학문도 상당히 깊으시다. 웬만한 선비들보다도 교양이 있으시다. 이건 틀림없는 사실이다."

그리고 마지막에는 언제나 이렇게 말하는 것이었습니다.

"내가 이런 말했다고 하지 말아요. 우리끼리 하는 얘기니까."

하지만 '우리끼리 하는 얘기'라는 것은 새어나가기 쉬운 법, 곧 돌고 돌아서 노부나가의 귀에도 들어가게 되었습니다. 하지만 험담이 아니었기에 그것을 들어도 노부나가는 기분이 상하질 않았습니다. 오히려 '누가 그런 말을 하는 거지? 뭐? 토키치로가? 원숭이 같은 녀석, 사람 보는 눈은 있는데……'라고 말했다고 합니다. 토키치로의 이런 모습을 당신도 배울 필요가 있습니다.

이번 장에서는 상대의 자기중요감을 높여주기 위해 칭찬하는 법에 대해서 기술했습니다만, 역시 최고의 방법은 보이지 않는 곳에서 칭찬을 하는 것일지도 모르겠습니다. 상대를 직접 칭찬하는 것보다 제3자를 통해서 간접적으로 칭찬을 하는 것이 보다 진실하게 들림과 동시에 상대도 기쁘게 느끼게 되기 때문입니다.

따라서 당신도 험담, 뒷소리는 삼가하고 그 대신에 상대의 친구나 지인에게 그 사람을 아낌없이 칭찬해 주십시오.

그렇게 하면 친구, 지인을 경유해서 '누구누구가 당신에 대해서 이렇게 칭찬을 했다', '그 사람은 당신을 아주 높이 평가하고 있다' 라는 소문이 상대의 귀에도 들어가게 되어 상대는 싫은 얼굴을 하면서도 당신에게 호감을 갖게 될 것입니다. 당신에 대해서 특별한 감정을 갖게 될지도 모르겠습니다.

'직접 상대를 칭찬하는 건 좀 쑥스럽다' 라고 생각하고 있는 분은 이 방법을 꼭 활용해 보십시오.

당신의 주가가 훨씬 올라가게 될 것입니다.

신뢰가 좋은 관계를 만들어준다

미국의 심리학자가 이런 말을 했습니다.

"사람은 남들로부터 어떤 말을 들었을 때 가장 큰 기쁨을 느낄까? 그것은 '당신을 신용하고 있다' 라는 말을 들었을 때이다. 이 말 앞에서는 그 어떤 칭찬의 말도 통하질 않는다."

그렇습니다. 이런 말을 명언이라고 하는 것이 아닐까요? 그 사람을 '신용한다', 그 사람으로부터 '신용을 받고 있다' 이런 관계는 그 무엇과도 바꿀 수 없는 중요한 인간 상호간의 연결고리이기 때문입니다.

당신이 그런 말을 들었을 때의 기분을 생각해 보십시오.

직장의 동료나 친구, 연인으로부터 '자네를 신용하고 있네', '당신을 믿으니까……' 라는 말을 듣는 순간 어떤 기분이 들었습니까?

'신용하고 있다' 라는 말은 어떤 문제에 부딪혔을 때, 오해가 생겨서 인간 관계가 어긋났을 때 사용하는 경우가 많습니다. 어떤 문제에 부딪쳐 힘들어하는데 누군가가 자신을 신용하고 있다는 사실은 매우 기쁜 일입니다. 틀림없이 말로 표현할 수 없는 찡한 무엇인가가 마음속으로 지나가는 것을 느끼게 될 것입니다.

여기에는 그럴 만한 확실한 이유가 있습니다. '신용한다' 라는 말 속에는 상대가 당신의 인격, 살아가는 방법, 가치관, 존재, 능력 등을 완전히 긍정하고 있다는 의미가 담겨 있기 때문입니다. 그 최고의 칭찬을 듣는 순긴 인간의 자기중요감에의 욕구는 단번에 충족되는 것입니다. 자기중요감을 단번에 충족한 인간은 이성보다는 잠재의식이 먼저 반응을 일으켜 자연스레 감동을 하게 되는 것입니다.

자동차왕 헨리 포드와 관계된 에피소드가 있습니다.

　포드의 회사가 막 본 궤도에 올라섰을 무렵, 사내에 포드의 오른팔이라 불리던 한 간부가 독립을 할 것이라는 소문이 돌았습니다. 만약 그것이 사실이라면 큰일입니다. 지금까지 갖은 고생을 겪으며 키워온 기술과 노하우가 사외로 새어나가게 되기 때문입니다. 그렇게 되면 이제 막 궤도에 오른 회사가 난관에 부딪히게 될지도 모르는 일입니다. 사내는 크게 술렁이기 시작했습니다. 그리고 실제로 그 간부도 독립할 것을 신중하게 검토하고 있었습니다.

　하지만 사내에 온통 그 소문이 퍼졌을 때 포드는 사원 모두에게 이렇게 말했다고 합니다.

　"여러분! 근거없는 소문에 동요하지 마십시오. 나는 그를 신용하고 있습니다. 그는 일에 있어서나 인격에 있어서나 훌륭한 사람입니다. 나의 재산입니다."

　이 이야기를 들은 그 간부는 '포드 사장님은 나를 그렇게까지 신용하고 있었구나……' 라며 눈물을 흘리고 독립할 생각을 접었다고 합니다.

　그 간부가 독립을 했다면 크게 성공했을지도 모르겠습니다. 하지만 그것을 그만두게 할 만큼 포드의 한마디에는 커다란 힘이 숨어 있었던 것입니다.

당신도 포드처럼 상대를 기쁘게 하는 말을 더 많은 사람에게 사용하도록 하십시오.

상대는 틀림없이 당신의 기대대로 움직여줄 것입니다. 왜냐하면 당신으로부터 '신용하고 있다'라는 말을 듣는 순간부터 상대는 당신을 좋아하게 되기 때문입니다.

호감을 사기 위한 테크닉 3단계
상대의 마음을 읽고
기쁨을 주도록 하자

사람의 마음을 읽는 요령

당신이 자신에게 바라고 있는 일을 타인에게도 바라십시오.
자신이 바라고 있지 않은 일을 타인에게 바라서는 안 됩니다.

본론에 들어가기 전에 다시 한번 당신에게 질문해 보겠습니다.

직장 사람이어도 좋고 친구, 지인이어도 좋습니다. 당신이 다른 사람에게 친밀감을 느끼고 마음을 열려고 할 때는 어떤 때입니까? 개인차도 있을 것이고 여러 가지 경우를 생각할 수 있겠지만 종합해 보면 다음과 같은 때까 아닐까요?

이와 같이 당신의 마음을 읽고 '이렇게 말해 주면 좋겠다', '이렇게 해주면 고맙겠다' 라고 생각하고 있는 것을 해주는 사람에게 당신은 친밀감을 느끼고 마음을 열려고 하지 않습니까?

그렇다면 이번 항목의 표제에서 머피 박사가 말하고 있듯이 당신이 자신에게 바라고 있는 일을 타인에게도 바라십시오. '이렇게 말해 주면 좋겠다', '이렇게 해주면 고맙겠다' 라고 생각하는 것을 먼저 타인에게 베풀어 주십시오.

다시 말하자면, 사람의 마음을 읽어내어 상대가 그것을 표현하기 전에 베풀 수 있도록 신경을 써야 합니다. 그렇게 하면 당신에 대한 생각이 완전히 바뀌게 되어 '그 사람은 눈치가 빠르다', '남을 먼저 생각하는 사람이다', '마음 씀씀이가 좋다' 라는 평가를 받게 되는 것입니다.

하지만 이 노하우·비결에 대해서는 의외로 가르쳐 주는 사람이 적습니다. 그 때문에 '무슨 말인지는 알겠는데 구체적으로 어떻게 해야 좋을지 모르겠다' 라고 말하는 사람이 많은 것 아니겠습니까?

따라서 이번 장에서는 머피 박사의 법칙을 기초로 그 기법의 포인트에 대해서 기술해 보려고 합니다.

상식과 비상식

주의하십시오. 당신이 상식이라고 생각하고
있는 일을 상대는 비상식이라고 생각할 수도 있습니다.

이런 이야기가 있습니다. 절정의 인기를 구가하고 있는
작가를 갖은 고생 끝에 설득하여 간신히 집필의뢰에 성공
한 편집자가 있었습니다. '이 선생님의 책이라면 틀림없이
팔릴 것이다. 따라서 나도 어깨를 펼 수 있게 되었다'라며
기뻐할 때까지는 좋았습니다만 문제는 그 다음이었습니다.

원고의 진행 상태가 궁금해서였을 것입니다. 일주일에
두 번 정도 그 작가에게 전화를 걸어 원고의 진행 상태를
확인했는데 한 달도 지나지 않아서 이런 말을 들었다고 합

니다.

"당신 정말 눈치 없는 편집자로구먼."

그럼 여기서 문제를 내보겠습니다. 이 인기 작가는 어째서 화를 냈던 것일까요? 일주일에 두 번 정도 원고의 진행 상태를 확인 당하고 있다는 사실에 화를 낸 것일까요?

결론부터 말해 보겠습니다. 이 작가는 편집자가 자주 전화를 했다고 화를 낸 것이 아닙니다. 문제는 시간대에 있었습니다. 그도 그럴 것이 이 작가는 자타가 공인하는 전형적인 올빼미형으로 언제나 밤늦게까지 원고를 쓰고 동틀 무렵에 잠자리에 드는 생활을 하고 있었습니다.

그런데 그 편집자는 언제나 아침 일찍, 즉 그 작가가 한참 단잠에 빠져 있을 때 전화를 걸었던 것입니다. 이것은 수면방해죄라고 해도 좋을 만한 일로 누구라도 불쾌감을 느끼게 될 것입니다. 작가가 '당신은 정말 눈치 없는 편집자로구먼' 이라고 말한 이유는 바로 이 때문이었습니다.

좀 극단적인 예를 들었습니다만 당신도 역시 예외는 아닙니다.

다른 사람에게 연락을 할 때는 우선,

"이 사람은 주로 어떤 시간대에 작업을 하는가?"

“오전 중에 일이 많은가, 오후에 일이 많은가?”

“이 사람이 온 신경을 기울여서 일하는 시간대는?”

라는 식으로 상대의 생활리듬을 파악하도록 노력하십시오. 그렇게 하면 적어도 상대의 리듬을 망치게 하는 일은 없을 것입니다. 아니 오히려 예를 든 편집자와는 반대로 ‘남을 생각할 줄 아는 사람이다’, ‘사람의 생활리듬을 잘 읽는 사람이다’ 라는 평가를 받을 수 있게 될 것입니다.

기호嗜好는 제각각

생활리듬과 함께 또 하나 중요한 것이 상대의 기호를 파악하는 것입니다.

예를 들어서 당신과 상대가 광적인 자이언츠 팬이라면 '어제 타카하시高橋의 홈런은 정말 밋있었어. 속이 다 후련해지더라고' 하는 식으로 야구 이야기를 하면 되겠지만 만약 상대가 자이언츠를 싫어하는 사람이라면 이런 이야기를 해서는 안 될 것입니다. 같은 이야기를 한 것만으로도 상대의 마음을 상하게 할 것입니다. 그렇기 때문에 사람의 마음을 읽기 위한 하나의 방법으로 다음의 사항들을 기억해 두시기 바랍니다.

상대의 기호를 파악할 것

'일식을 좋아하는가? 양식을 좋아하는가?', '좋아하는 음식은? 싫어하는 음식은?', '담배를 피우는 사람인가? 피우지 않는 사람인가?' 등 상대의 기호를 아는 것만으로도 당신의 대응은 상당히 달라질 수 있을 것입니다. 거래처 사람 등을 접대할 때 많은 도움이 될 것입니다.

상대의 관심사를 파악할 것

'자동차 학원에 다니고 있다', '영어회화 학원에 다니고 있다', '예술 작품에 남다른 관심을 갖고 있다', '요즘에 자연식에 관심을 갖기 시작했다' 등 상대의 관심사를 사전에 파악해 두면 대화를 할 때 '커다란 무기'가 될 것입니다.

상대의 취미를 파악할 것

'클래식 레코드판을 수집하고 있다', '주말마다 낚시를 다니고 있다' 라는 식으로 상대의 취미를 사전에 파악해 두면 그것만으로도 상대와의 대화가 즐거워질 것입니다.

이상의 세 가지 점을 파악한 후 사람과 접하면 상대는 당신에게 친밀감을 느껴 마음을 열려고 할 것입니다. 그뿐이 아닙니다. '인간 관계는 거울과도 같은 것입니다' 라고 머피 박사가 말한 것과 같이 이번에는 상대가 '이 사람은 어떤 일에 관심이 있을까?', '어떤 것에 흥미를 갖고 있을까? 라는 식으로 당신에 대해 관심을 가지려고 노력하게 될 것입니다.

협력 관계를 유지할 것

상대의 마음을 읽고 '이렇게 말해 주면 좋겠다', '이렇게 해주면 고맙겠다' 라고 생각하고 있는 것을 행하기 위해서는 상대의 성격을 파악하는 것도 하나의 커다란 포인트가 됩니다.

예를 들어서 새로 부임해온 당신의 상사가 굉장히 신경질적인 사람이라고 합시다. 그런 사람 밑에서 일할 경우에는 상대가 어떤 일에 신경을 곤두세우고 있는지 당신 나름대로 면밀하게 관찰할 필요가 있습니다.

그리고 '아, 이 사람은 서류의 오·탈자에 아주 신경질
적이구나……' 라고 생각되면 작성한 서류를 다시 한 번 검
토해서 오·탈자를 정정한 후에 상사에게 제출하도록 하
는 것입니다. 시간이 없을 때는 빨간 펜으로 수정해도 상관
없습니다. 그렇게 하면 서류를 받아본 상사는 당신에 대해
서 '그는 아주 꼼꼼한 사람이다' 라는 인상을 갖게 될 것입
니다.

구두쇠에 대해서도 마찬가지.

'과장님 같은 구두쇠도 드물다', '그 사람 너무 쫀쫀해'
라고 비난하기 전에 어떤 면에서 절약을 하고 있는가, 당신
나름대로 관찰해 주십시오. 그리고 '과장님은 광열비의 낭
비에 민감하다', '선배는 사무용품을 마지막까지 소중하
게 사용한다', '우리 애인은 음식비를 절약하고 있다' 라는
사실을 파악했다면 상대의 뜻에 맞춰서 행동하도록 합시
다. 자리에서 일어날 때는 스텐드의 불을 끄고, 볼펜은 잉
크가 완전히 떨어질 때까지 사용하고, 애인과 만나서 술이
나 거피를 마실 때는 먼저 싼 것을 마시자고 말하는 것입니
다. 그렇게 하면 상대는 역시 당신에 대해서 '이 사람은 다
른 사람과 다르다', '남을 배려할 줄 아는 사람이다' 라는

인상을 갖게 될 것입니다.

　그래도 상대의 결점이 눈에 거슬릴 때는 그것을 자신에게는 없는 개성이라고 받아들여 버리십시오. ‘신경질적인 상사 덕분에 덜렁거리는 내 성격을 고칠 수 있겠다’, ‘그 사람의 구두쇠 정신 덕분에 절약하는 법을 배웠다’ 라고 낙천적으로 해석해 보는 것입니다.

　그렇게 생각한다면 당신 자신의 자기계발·단련에도 연결될 것이고 상대도 당신을 좋게 받아들이게 되기 때문에 당신은 일석이조의 효과를 거둘 수 있습니다.

콤플렉스를 자극하지 말 것

상대의 콤플렉스를 자극하는 일은 삼가십시오.
당신이 그와 같은 일을 당했을 때 어떤 기분이 들었습니까?

'대학 졸업장이 없다', '컴맹이다', '키가 작고 뚱뚱하다', '운동신경이 아주 둔하다' 등 누구나 타인으로부터 듣고 싶지 않은 콤플렉스가 한두 개 정도는 있는 법입니다. 사람의 마음을 읽고 좋은 관계를 유지하고 싶다면 상대의 콤플렉스를 파악해 두길 바랍니다.

자신의 경우를 생각해 보십시오. 예를 들어서 당신이 중학교 동창회에 참석하여 동창들과 담소를 나누고 있다고 합시다. 그때 만약 당신만이 해외 여행의 경험이 없다고 한

다면 어떤 기분이 들겠습니까? 또 당신만이 컴퓨터를 조작
할 수 없다면 어떤 기분이 들겠습니까?

틀림없이 다른 사람과의 대화에 참여하지 못하고 홀로
버림받은 듯한 비참한 기분이 들게 될 것입니다. 그뿐 아니
라 해외 여행이나 컴퓨터에 대해 자랑스럽게 이야기하는
사람에 대해서 혐오감마저 느끼게 될지도 모릅니다.

그렇다면 당신도 상대가 그런 감정을 갖지 않도록 해야
합니다. 상대의 콤플렉스나 약점을 사전에 파악해 두고 그
것에 관한 이야기는 하지 않도록 해야 합니다. 다시 말하자
면 상대의 기분을 거스르지 않도록 해야 한다는 것입니다.

겨우 40이라는 나이에 무역회사의 임원(영업부장)에 취
임한 스기우라杉浦라는 사람이 있습니다. 입사한 지 20년도
채 되지 않아 임원까지 오를 수 있었던 것은, 일을 잘한다
는 것은 물론 말할 필요도 없고 사람을 대할 때 실로 '번뜩
이는 재치' 로 대했기 때문입니다.

예를 들어서 거래처 사람과 골프를 칠 때는 접전이 벌어
지고 있는 것처럼 보이면서도 결국에는 상대보다 실력이
떨어지는 것처럼 보여진다든지, 노래를 부르러 가면 잘 부
르지는 못하지만 상대방이 좋아할 만한 노래를 부른다는

것입니다. 또 '키가 작고 뚱뚱하다', '머리가 벗겨지기 시작했다' 라는 등의 외형적인 콤플렉스를 가지고 있는 사람과 술을 마시러 갔을 때는 일부러 자신이 아가씨들에게 인기가 없는 것처럼 보인다고 합니다. 즉 상대의 콤플렉스나 약점을 사전에 파악해 상대보다 우위에 서지 않도록 신경을 쓰고 있다는 것입니다. 그렇기 때문에 상대는 콤플렉스를 느끼지 않게 되는 것이고 따라서 자연스레 스기우라 씨에게 친밀감을 느끼게 되는 것일지도 모르겠습니다.

스기우라 씨의 이런 자세를 참고로 당신도 상대가 콤플렉스를 느끼지 않게 하도록 노력해 보십시오.

타인의 고민에 대해서

타인의 고민을 경시하면 언젠가는
당신의 고민을 경시 받게 될 것입니다.

앞에서와 마찬가지로 상대의 고민과 문제점을 파악해두는 것도 중요한 일입니다. 이 점을 무시한다면 머피 박사가 말한 대로 언젠가는 당신이 그런 대접을 받게 될지도 모릅니다.

한 회사에서 있었던 일을 소개해 보겠습니다. 아들이 일류 대학에 단번에 입학한 사실을 직장 동료 모두에게 자랑스럽게 말하고 다니는 T부장이 있었습니다.

"아, 정말 축하드립니다."

"역시, 그 아버지에 그 아들이군요. 부장님을 닮아서 머리가 좋은가 보군요."

부하나 후배들로부터 이런 말을 들은 T부장은 기분이 좋았습니다. 하지만 그 직후에 문제가 일어났습니다. 한 간부로부터 이제는 기소유예라고 해도 좋을 만한 5년 전의 실수를 지적 받아 계열사로 좌천당하게 되었던 것입니다.

여기에는 그 간부의 사적인 사정이 있었습니다. 실은 그 간부에게도 T부장의 아들과 같은 나이의 아들이 있었는데 같은 대학에 원서를 넣었지만 입학하질 못해서 재수 생활을 하고 있었던 것입니다. 그 때문에 T부장이 아들 자랑을 할 때마다 마음 속에 질투심과 불쾌감이 일어 이런 보복조치를 취하게 된 것이었습니다.

그 간부가 비열한 짓을 했다고 할 수도 있습니다만 근본적인 원인은 역시 T부장에게 있었다고 말할 수 있을 것입니다. T부장이 평소부터 타인의 마음의 상처에 신경 쓰도록 노력했다면 적어도 간부의 마음을 상하게 하지는 않았을 것입니다. 그랬다면 좌천당하는 일도 없었을 것입니다.

따라서 당신도 상대가 갖고 있는 고민이나 문제점을 가능한한 파악해 두었다가 그에 관한 이야기는 절대 하지 않

이것은 직장에서만이 아니라 친구·지인에 대해서도 마찬가지라 할 수 있습니다. 실연한 지 얼마 되지 않은 사람 앞에서 아무렇지도 않게 애인과의 일을 자랑스레 이야기하는 사람이 있는데 이는 당치도 않은 소리입니다. 상대가 '약올리는 거야 아니면 비꼬는 거야. 정말 얄미운 녀석이다' 라고 생각하는 것도 무리가 아닐 것입니다.

상대의 이야기에 귀를 기울일 것

사람은 누구나 자신의 이야기에
귀를 기울이는 사람에게 호감을 갖게 됩니다.
그렇다면 상대의 이야기에 귀를 기울이고 그것에 긍정해 주십시오.

상대가 갖고 있는 고민이나 문제점을 파악, 그에 관한 이야기는 절대 삼가도록 한다면 상대의 마음을 상하지 않게 할 수 있다고 말했습니다. 그와는 반대로 상대가 먼저 자신의 고민을 털어놓을 경우에는 어떻게 대처하면 좋을까요?

그럴 경우에는 상대의 이야기를 잘 들어주고 그것을 수용·공감하도록 하십시오. 상대의 생각을 전부 받아들이는 것입니다.

이도 당신의 경우를 생각해 보면 더욱 알기 쉬울지도 모르겠습니다.

예를 들어서 당신이 컴퓨터를 배우기 시작했는데 조작법을 잘 몰라서 곤란한 상황에 처했다고 합시다. 그래서 컴퓨터에 정통한 A씨와 B씨라는 두 사람에게 그에 대해 물었습니다. 그러자 A씨는 '뭐야, 너 그런 것도 몰랐냐? 칠칠치 못하게' 라고 말했고 B씨는 '그래, 처음이라 어렵고 힘들지. 나도 처음에는 정말 고생을 많이 해서 그 마음을 잘 알고 있어' 라고 말했다고 한다면 당신은 어떤 사람에게 호감을 느끼게 되겠습니까? 틀림없이 B씨일 것입니다.

또 당신이 일에 있어서 장애가 되는 것을 친구에게 말했다고 합시다. 그때 '너의 일하는 방법에 문제가 있다. 힘든 것은 자네만이 아니다. 내 일만 해도 힘들다' 라고 오히려 불평을 듣는 것과 '그래? 너도 여러 가지로 고생이 많구나. 무슨 말인지 잘 알겠다' 라며 수긍해 주는 것 중 어느 쪽이 마음에 위로가 되겠습니까? 이 경우도 틀림없이 후자일 것입니다.

그렇다면 '나는 이런 말을 들으면 기쁘겠다', '이런 말을 들으면 위로가 되겠다' 라고 생각되는 말을 타인에게 하도록 하십시오.

상대가 당신에게 고민거리를 이야기할 때는 우선 아무 말도 하지 말고 상대의 이야기를 들어주십시오. 그리고 이야기 중간중간에 '그래', '자네 말이 맞을지도 모르겠네'라고 말해 주십시오. 때에 따라서는 '내가 도울 것이 있으면 도울테니 힘내!'라고 용기를 북돋아 주는 것도 좋을 것입니다. 단지 그것만으로도 상대는 당신에게 감사하고 자신의 마음을 열게 될지도 모릅니다.

기브&기브 정신

기브&기브 정신으로 일관하십시오.
베풀면 베풀수록 당신은 보다 많은 은혜를 입게 됩니다.

불교에 육바라밀六波羅蜜이라는 수행이 있다는 것을 당신은 알고 계십니까?

육바라밀이란 보시布施, 지계持戒, 인욕忍辱, 정진精進, 선정禪定, 지혜知慧의 여섯 가지를 말합니다. 이것을 한마디로 말하자면 타인에게 은혜를 베풀고, 타인을 도우며, 계율을 지키고, 악행을 삼가고, 선을 행하며, 선악을 분별하면 극락에 갈 수 있다는 의미입니다. 이 중에서도 가장 먼저 제시한 '보시' 가 가장 중요한 것이라고 생각됩니다.

‘보시’ 라고 말하면 당신은 장례식이나 제사를 마친 뒤 스님에게 건네는 사례물을 떠올릴지도 모르겠습니다만 참된 의미의 보시란 그런 것이 아닙니다. 왜냐하면 보시에는 ‘물시物施’, ‘지시知施’, ‘법시法施’의 세 가지가 있으며, 물건이나 돈을 베푸는 ‘물시’ 보다도 지식이나 지혜를 베푸는 ‘지시’ 나 곤란에 처한 사람을 돕는 등의 ‘법시’ 가 더욱 중요한 것이라고 말하고 있기 때문입니다.

그렇다면 당신도 불교에서 말하고 있는 ‘지시’ 를 먼저 실행에 옮겨보지 않겠습니까?

그렇다고 너무 어렵게 생각할 필요는 없습니다. 상대의 성격·기호·취미를 사전에 파악한 뒤에 그것에 관련된 정보를 제공하는 것만으로도 충분한 것입니다.

예를 들어서 검약을 중시하는 사람에게

“어디어디에 디스카운트 스토어가 오픈했다.”

“역 앞에 100엔 숍이 생겼는데 물건이 꽤 낳더라.”

라고 말한다면 아주 기뻐할 것입니다.

또 식도락에 빠진 사람에게는

“인터넷에서 봤는데 어디어디 호텔의 점심 뷔페가 2,000엔이라는데.”

"좀 전에 역 앞에서 광고지를 받았는데 게 뷔페가 1,500
엔밖에 안 한다는데."

라고 말한다면 생각 외의 효과를 거둘 수 있을 것입니다.

이런 일들을 반복해서 행한다면 상대는 당신에게 감사
의 마음을 갖게 됨과 동시에 '마음 씀씀이가 좋은 사람',
'타인의 마음을 잘 알아 주는 사람' 이라는 평가를 하게 될
것입니다.

자신의 지혜를 제공할 것

상대가 곤란에 처했을 때, 당신이 갖고 있는
지혜를 제공하십시오. 상대는 감사함을 느낄 것이고
당신은 반드시 보답을 받게 될 것입니다.

상대가 곤란에 처했을 때는 당신의 지혜로 최선을 다해
도움을 주십시오.

이것도 그렇게 어렵게 생각하실 필요가 없습니다. 당신
주위에 고민을 갖고 있는 사람이 있다면 자신이 알고 있는
범위 안에서라도 좋으니까 충고나 조언을 하도록 하는 것
입니다. 예를 들어서 연말 정산의 기입 방법을 몰라 고민하
고 있는 사람이 있다면 거드름을 피우지 말고 자세히 가르
쳐 주는 것도 하나의 방법이고 요리를 못하는 사람에게는

자신이 자신 있게 만들 수 있는 요리를 만드는 법을 가르쳐 주는 것도 하나의 방법이 될 것입니다.

프리랜서로 디자인에 관한 일을 하고 있는 츠지 씨는 이 방법으로 강력한 인맥을 구축할 수 있었다고 합니다.

츠지 씨는 어떤 파티에서 입시 학원을 운영하고 있는 사람을 알게 되었는데 그 사람이 60이 넘은 나이에 자동차 학원을 다니면서 악전고투를 하고 있다는 사실을 알게 되었습니다.

'실은 젊은 직원들에게 요령을 배우고 싶지만 자존심 때문에 좀처럼 먼저 말을 꺼낼 수가 없어서……' 라고 말하는 것이었습니다.

그 뒤로 두 사람이 친해지기까지는 채 한 달도 걸리지 않았습니다. 왜냐하면 츠지 씨가 주말이면 자신의 자동차를 자동차 학원으로 가져가서 그 사람에게 운전 방법을 가르쳐 주었기 때문이었습니다. 그 덕분에 그 사람은 2개월 후에 가면허 취득에 성공, 곧 정식 면허를 취득하는 데도 성공했다고 합니다. 츠지 씨의 이와 같은 친절하고 정중한 자세에 마음이 움직여서였을 것입니다. 그 남자는 면허를 딴 것에 대한 보답으로 이렇게 말했다고 합니다.

"우리 학원의 팜플렛 제작을 지금부터는 당신에게 부탁하고 싶다. 일을 해주지 않겠는가?"

덧붙여서 말하자면 츠지 씨는 그 사람이 이런 말을 하기 전까지는 일을 받아야겠다는 마음이 조금도 없었다고 합니다. 단지 그 사람이 하루라도 빨리 면허증을 딸 수 있다면 좋겠다는 마음뿐이었다고 합니다. 그렇기 때문에 상대가 감격하여 '이번에는 이 사람을 위해서 내가 무엇인가를 하고 싶다' 라는 마음을 갖게 되었을 것입니다.

관점을 바꿔서 말하자면 이것도 머피 박사가 말한 '거울 작용' 이라고 할 수 있을 것입니다. 일반적으로 사람은 곤란에 처했을 때 도움을 받으면 꼭 보답을 해야겠다는 마음을 갖게 되기 때문입니다.

인맥을 살릴 것

'당신 주위에 고민을 갖고 있는 사람이 있다면 자신이 알고 있는 범위 안에서라도 좋으니까 충고나 조언을 하십시오' 라고 말했습니다.

그럼 당신으로서도 어떻게 해볼 도리가 없는 일 때문에 고민을 하고 있을 때는 어떻게 대처하면 좋을까요?

그럴 때는 '죄송합니다. 그 일에 관해서는 문외한이라……', '미안, 나도 어떻게 해야 좋을지 모르겠는데' 라고 솔직하게 말하는 것도 하나의 방법입니다만 그렇게 하면 서로의 관계에 진전이 없을 것입니다.

따라서 그럴 때는

"교통사고를 일으켰다고 들었는데, 처리하는 게 복잡하다면 내가 잘 알고 있는 변호사를 소개시켜 줄까?"

"허리가 좀처럼 낫질 않는다고 들었는데 용한 의사를 소개시켜 드릴까요?"

라는 식으로 당신이 알고 있는 사람을 소개시켜 준다면 어떻겠습니까? 그렇게 하면 결과에 상관없이 상대는 감격하여 '이 사람의 은혜에 보답하자' 라고 마음먹게 될 것입니다.

실은 이렇게 말하고 있는 저도 그런 은혜를 입은 적이 있는 사람 중 한 명입니다.

예전에 지인인 사쿠야마作山 씨로부터 '내 책을 내고 싶은데 출판 경력이 전혀 없는 내 책을 내줄 만한 출판사가 어디 없을까?' 라는 말을 들은 적이 있었습니다. 저는 한 군데 떠오르는 출판사가 있었기에 거기를 소개해 줬습니다. 그런데 운 좋게도 6개월 뒤에 책이 나오게 되어 '모두 우에니시 선생님 덕분입니다' 라는 기쁨에 넘친 보고를 받게 되었습니다.

흥미로운 일은 그 다음에 일어났습니다. 실은 사쿠야마 씨도 출판계에 아는 사람이 많았는데 그 중 한 출판사를 소개시켜 주는 것이었습니다.

저는 사쿠야마 씨에게 '출판사를 소개시켜 주십시오' 라고 부탁한 적이 없었기 때문에 좀 놀랐습니다만 사쿠야마 씨가 자신의 책을 낼 수 있었던 것에 대한 보답으로 저를 PR해 준 것 같았습니다.

아무튼 사쿠야마 씨의 소개 덕분으로 저는 그 출판사에서 책을 내는 데에 성공, 그것이 생각지도 않았는데 크게 히트를 치게 되었습니다.

따라서 당신도 타인으로부터 좀 곤란한 일을 듣게 된다면 '나로서도 어찌할 도리가 없다' 라고 일축해 버리지 말고 '이 사람이라면 어떻게 해줄 수 있을 것 같다' 라고 생각되면 사람을 소개해 주도록 노력해 주십시오.

그렇게 하기 위해서 당신 자신도 평소부터 그 방면에 정통한 사람을 알아둘 필요가 있습니다.

"의료에 관계된 일이라면 이 사람이 적임자다."

"세무에 관한 일이라면 이 세무사를 소개하자."

"컴퓨터에 관한 일이라면 친구인 A가 적당하다."

　　"교통사고에 관한 협상이라면 이 사람보다 능숙한 사람
이 없다."

　　라는 식으로 만약을 위해서 '인재'를 확보해 두십시오.

　　그런 사람들이 많으면 많을수록, 당신으로서는 어떻게
할 수 없는 문제라도 소개라는 방법을 통해 간접적으로 상
대를 도울 수 있게 되기 때문입니다.

사랑으로 대할 것

연령·성별·업종·직종에 관계없이 많은 사람들로부터 흠모 받고 있는, 흔히 말하는 인격자라는 사람과 만날 때마다 감탄하는 사실이 있습니다. 그것은 이런 분들이 '마음 씀'이 좋고 '친절'한 분들이라는 것입니다. 그것도 일부러 그렇게 하는 것이 아니라 자연스럽게 그렇게 하고 있다는 것입니다.

한 50대 후반의 사업가와 함께 레스토랑에서 식사를 할 때 그분이 '이 집은 쿠키가 아주 맛있습니다' 라고 말씀을 하셨습니다. 그리고 식사를 마치고 돌아갈 때 그 분은 카운터에서 그 쿠키를 샀는데 자세히 보니 커다란 것과 작은 것을 들고 있었습니다. 그 중에서 커다란 것을 내게 내밀며 이렇게 말하는 것이었습니다.

'나는 언제나 먹고 있기 때문에 이 정도면 충분합니다. 하지만 우에니시 씨는 아는 사람도 많을 것이고 사무실에 찾아오는 분도 많을 테니 그분들에게 내놓기에 아주 좋을 것이라고 생각합니다. 이걸 선물로 가져가 주십시오.'

그의 태도에 저는 머리가 저절로 수그러드는 기분이었습니다. 앞일을 예상한 '정성이 담긴 마음 씀씀이'에 감동했기 때문이었습니다. 참고로 그는 연매출 50억 엔을 자랑하는 이벤트 기획회사를 경영하고 있는데 사원들로부터 굉장한 존경을 받고 있다고 합니다. 이 일로 그 이유를 확실하게 알 수 있었습니다.

이런 정성이 담긴 마음 씀씀이를 당신도 배우기를 바랍니다. '말은 쉬워도 행동은 어렵다'라는 말이 있듯이 갑자기 행동으로 옮기려고 하면 아무래도 무리가 생기는 법입니다. 그런 습관이 평소에 몸에 배어 있지 않으면 어색함만 크게 확대되기 때문에 오히려 상대가 신경을 쓰게 되거나 때에 따라서는 경계심을 갖게 되는 경우도 생겨납니다. 그리고 일시적으로는 잘할 수 있을지 몰라도 작심 삼일이 되어 버릴 가능성도 있습니다.

그렇기 때문에 가까운 곳에서부터 '마음 씀'과 '친절'의 씨앗을 뿌리도록 해 보십시오. 예를 들어서 갑자기 직장에서 실천하려고 하지 말고 가족이나 친구·애인에게 먼저 행해 보도록 하십시오.

매일 아침 출근길에 아내 대신 쓰레기를 버리러 간다.

저녁 식사 후, 설거지를 도와 준다.

애인이 피곤한 표정을 지을 때는 맛있는 음식을 만들어 준다.

친구가 놀러 오면 맛있는 칵테일을 만들어 준다.

물론 처음에는 상대도 '이 사람 요즘 좀 이상하다', '요즘 너무 상냥해졌다' 라고 이상하게 생각할지도 모르겠습니다. 하지만 '습관은 반복에 의해서 형성되는 것입니다. 따라서 무엇보다도 중요한 것은 구체적인 행동입니다' 라고 머피 박사가 말한 것처럼 하루 하루, 그것을 행한다면 얼마 지나지 않아 잠재의식 속에 습관으로 입력되기 때문에 그것을 자연스럽게 행할 수 있게 되는 것입니다.

그렇게 되면 대성공. 이번에는 직장에서 같은 행동을 한다 해도, 타인도 당신 자신도 어색함을 느끼지 않게 될 것입니다. 아니, 상대도 언젠가는 당신에 대한 배려를 행동으로 나타내게 될 것입니다.

단, '쓸데 없는 참견'과 '지나침'은 금물입니다. 직장에서 동료가 복사하는 것을 도와주려고 할 때 동료가 '됐어. 내가 할게'라고 말한다면 바로 그만두도록 하십시오. 누군가와 함께 하기보다는 혼자서 자기 스타일대로 하는 것이 더 효율적인 경우도 있기 때문입니다. 중요한 것은 상대의 마음을 면밀히 관찰해서 '지금 이렇게 해주면 저 사람이 기뻐하지 않을까?', '이렇게 하면 상대에게 도움이 되지 않을까? 라고 생각되는 일을 자연스레 행해야 한다는 것입니다.

사람을 감동시키기 위해서는

타인을 감동시키기 위해서는,
남다른 마음 씀씀이를 보여야 합니다.

N사장이 경영하는 광고 회사가 있습니다.

거기서 일하고 있는 노리코紀子 씨가 하루는 6시경에 퇴근을 하려고 회사를 나섰습니다. 그때 손님이 회사로 찾아왔습니다.

그러자 손님이 찾아 온 지 1분도 지나지 않아서 노리코 씨가 회사로 되돌아와 그 손님을 위해서 차를 내온 것이었습니다. 그리고 난 후에 노리코 씨는 손님과 N사장에게 다시 한번 인사를 하고 회사를 나섰다고 합니다. 그 손님은 이런 노리코 씨의 태도에 감탄했다고 합니다.

노리코 씨의 다른 사람과는 다른 접대 방법, 즉 독특한 마음 씀씀이에 감동했기 때문입니다. 그 회사는 6시가 퇴근 시간입니다. 따라서 퇴근 후에 엘리베이터 앞에서 손님과 마주쳤다 하더라도 그대로 '집으로 돌아갈 권리'가 있는 것입니다. 하지만 그녀는 그렇게 하질 않았습니다.

'내가 퇴근을 하고 나면 사무실에는 사장님 혼자 남게 된다. 그때 손님이 찾아오면 사장님이 직접 차를 내오지 않으면 안 된다. 그렇다면 그저 몇 분이면 끝나는 일이니까 내가 돌아가서 차를 대접하자'

라고 임기응변을 발휘한 것입니다.

꼭 노리코 씨와 같이 행동하라는 것은 아닙니다. 하지만 당신도 이런 것을 배울 필요가 있지 않겠습니까?

바쁘게 일하고 있는 동료의 일을 돕는다든지 자리에서 일어난 김에 차를 타준다든지 하는 행동도 물론 중요합니다.

하지만 그에 더해서 다른 사람과는 다른 마음 씀씀이를 보인다면 상대는 당신을 높이 평가할 것입니다.

그렇게 하기 위해서는 '이런 마음 씀씀이는 다른 사람들은 잘하려고 하지 않는다', '이런 마음 씀씀이를 보인다면 상대는 굉장히 기뻐할 것이다' 라는 것을 항상 머리에 넣어 두고 타인들이 놓치기 쉬운 부분에 주목하는 것입니다.

다시 말하자면 남다른 마음 씀씀이·배려를 보이는 것입니다. 그렇게 하면 사람들은 모두 마음 속에 감동을 받게 될 것입니다.

사람들이 하기 싫어하는 일을 맡을 것

남들과 다른 일을 솔선해서 행하십시오.
당신에 대한 인상이 완전히 바뀌게 될 것입니다.

지금부터 30년 전, 미국의 뉴욕에서 실제로 있었던 일입니다.

어떤 회사에 좀처럼 출세의 기회를 잡지 못하고 있는 F라는 사원이 있었습니다. 영업성적이 좋지 않은 것은 물론이고 상사로부터도 미움을 받고 있었기 때문에 일자리를 잃게 되는 것은 시간 문제라고 누구나가 생각하고 있었습니다. 그래서 F씨는 유명한 경영 컨설턴트에게 상담을 했습니다. 그런데 '사람들이 싫어하는 일을 하도록 하십시오. 그러면 상황은 점점 바뀌게 될 것입니다' 라는 충고만을 해주었다고 합니다.

F씨는 생각 끝에 굳게 마음을 먹고 화장실 청소를 매일 하기로 했습니다.

그로부터 일 년 뒤, 상당히 흥미로운 일이 일어났습니다. '이 회사의 화장실은 언제나 깨끗하고 이상적이다' 라는 소문이 돌기 시작한 것과 동시에 F씨에게 좀더 좋은 조건의 회사로부터 스카웃 제의가 들어온 것입니다. 그래서 F씨는 사직서를 제출했습니다만 다른 사람도 아닌 사장이 직접 그를 말렸습니다.

"자네 덕분에 우리 회사를 방문하는 손님들로부터 호평을 받게 되었네. '뉴욕에는 수많은 기업들이 들어서 있지만 이렇게 깨끗한 화장실은 본 적이 없다' 라고 모두가 말하고 있네. 자네의 공적을 인정하네. 퇴직을 다시 한 번 생각해 보지 않겠나?'

그 뒤, F씨가 퇴직을 했는지 어땠는지에 관해서는 자료가 없기 때문에 잘 모르겠습니다만 그 회사가 그렇게 '청결' 에 신경을 쓰는 것은 하나도 이상할 것이 없습니다. 왜냐하면 그 회사는 화장실용 방향제를 판매하고 있었기 때문입니다.

F씨의 이야기가 당신과는 직접적으로 관계가 없다 하더라도 꼭 참고하도록 하십시오.

당신에게 매일 화장실 청소를 하라고 말하고 있는 것이 아닙니다. 적어도 직장에 있어서는 다른 사람들이 싫어하는 일을 솔선해서 하려는 마음가짐을 갖기 바라는 것입니다.

"송년회 준비는 귀찮아서 모두가 싫어한다. 내가 솔선해서 행하자."

"한여름의 무더운 날이나 겨울의 추운 날에 외출하는 것은 누구나가 싫어하는 일이다. 그렇다면 내가 그 일을 맡자."

이런 조그만 결심을 바탕으로 한 이상의 행동이 '마음 씀씀이가 타인과는 다른 사람' 이라는 평가로 연결되는 것입니다.

타인의 부탁을 들어줄 것

타인의 부탁을 들어주십시오.
사람들은 더욱 더 당신을 신뢰할 것입니다.

E라는 자동차 판매원이 있습니다. 동경 내에 있는 지점 중에서 4년 연속 판매왕 자리를 차지했는데 처음 만나는 사람들은 '아무리 봐도 그렇게는 보이질 않는다' 라고 입을 모아 말합니다. 이렇게 말하고 있는 저도 그와 처음 만났을 때는 정말 죄송한 이야기입니다만 '특별히 말을 잘하는 것도 아닌데 이런 사람이 어떻게……' 라고 생각했었습니다.

하지만 몇 번 만나게 되면서 그 이유를 확실하게 알게 되었습니다. 한마디로 말하자면 타인의 부탁을 거절하지 않으며, 남 돌보기를 좋아한다는 것이었습니다.

예를 들어, 그가 담당하고 있는 지역을 걷고 있노라면 누구라고 할 것도 없이 주위 사람들이 이런 말을 해온다는 것이었습니다.

"E씨, 마침 잘됐네요. 실은 연말에 괌으로 여행을 가려고 하는데 좀 싼 여행사 없나 알아봐 주실 수 있어요?"

"아! E씨, 마침 잘 오셨어요. 우리 집에 잠깐 들러봐요. 실은 아들 때문에 그러는데 이 근처에 영어를 맨 투 맨으로 가르쳐 주는 학원 없을까요?"

그런데 여기서 특기할 만한 것은 이 단계에서는 말을 걸어온 사람도 E씨도 자동차에 관한 이야기는 거의 하지 않는다는 것입니다. 그뿐 아니라 상대가 일방적으로 하찮은 일로 상담을 해오거나 자신의 일을 부탁할 뿐이고 E씨도 '알겠습니다. 한 번 알아 보죠'라는 정도로밖에 대납을 하지 않는다는 것입니다. 그러나 E씨는 상대의 요구에 응하려고 분주하게 움직이는데 그 결과와는 상관없이 그런 E씨의 모습에 많은 고객들이 감동을 하는 것 같았습니다.

즉, '자기에게는 아무런 득도 되질 않는데 이 사람은 여러 가지로 움직여 주었다. 다음에 자동차를 바꿀 때는 이 사람에게 부탁해야지' 라는 마음이 드는 듯했습니다.

E씨의 이런 모습은 고객 확보뿐만 아니라 인간 관계를 유지하는 데도 많은 도움이 됩니다.

어떤 부탁을 받으면 부탁한 사람과 접촉할 기회가 자연스럽게 많아집니다. 그리고 최선을 다해 노력하고 있는 당신의 모습을 눈으로 확인한다면 누구라도 감동을 받을 것입니다. '꼭 은혜를 갚아야겠다' 라고 생각하는 것은 지극히 당연한 일입니다.

그런 의미에서 타인의 부탁을 잘 들어주고 남을 돌보기에 힘쓴다는 것도 굳건한 신뢰관계를 구축하는 데 있어서 매우 중요한 조건입니다.

곤란에 처한 사람이 있을 때

자신이 곤란에 처했을 때는
보다 더 곤란한 상태에 있는 사람을 위해 힘을 쓰십시오.
당신은 틀림없이 행복해질 수 있을 것입니다.

여기서 당신에게 질문을 하나 해보겠습니다. 실연을 당해서 풀이 죽어 있을 때, 혹은 피곤함이 극에 달해서 신경이 예민해져 있을 때 친구나 지인으로부터 '실은 고민거리가 있는데 얘기 좀 할 수 없을까?' 라는 말을 듣는다면 당신은 어떻게 대답하시겠습니까?

틀림없이 '미안, 지금 그럴 정신이 없어. 나도 이런 저런 문제가 있어서……' 라든지 '지금 그럴 만한 마음의 여유가 없어' 라고 대답할 것입니다.

그렇습니다. 일반적으로 자신의 일이 잘 풀릴 때는 다른 사람의 일에 관여할 여유가 얼마든지 있지만 자신이 곤란에 처했을 때나 기분이 가라앉아 있을 때는 다른 사람에게 신경을 쓰지 못하게 되는 것이 사실입니다. 하지만 이럴 때일수록 곤란에 처한 사람의 일을 우선적으로 생각해 주기를 바랍니다.

어째서일까요? 거기에는 두 가지 이유가 있습니다. 하나는 곤란에 처한 사람을 도우면 말할 것도 없이 상대는 감사·감격해서 이번에는 '당신을 위해서 무엇인가 해줘야지'라고 생각하게 되기 때문입니다.

또 하나는 당신이 어려움에 처했을 때 다른 사람을 돕거나 신경을 써주는 행위는 평소의 그것보다 수십 배나 되는 플러스 의식을 인간 공통의 잠재의식에 입력하는 결과가 되어 보다 커다란 보살핌을 기대할 수 있게 되기 때문입니다.

하지만 당신은 이렇게 반론할지도 모르겠습니다.

"내가 실업중인데 다른 사람을 돌보란 말입니까?"

"주택융자금과 아이들 학비 때문에 내가 쓸 용돈도 없는데 곤궁에 처한 사람에게 금전적인 도움을 주라는 말입니까?"

아닙니다. 저는 자신의 생활을 희생해 가면서까지 다른 사람을 위하라고 말하고 있는 것이 아닙니다. 가능한 범위 안에서 가능한 일을 타인을 위해서 베풀라고 말하는 것입니다.

앞의 예에서와 같은 경우에는 단지 상대의 이야기를 가만히 들어주는 것만으로도 충분하고 지식이나 정보를 제공하거나 충고나 조언을 하는 것만으로도 충분할 것입니다. 또 '나로서는 어찌 해볼 도리가 없겠는데' 라고 판단된다면 그 부분에 정통한 사람을 소개시켜 주는 것도 방법이 될 수 있을 것입니다.

어떤 방법이든 지금 자신이 할 수 있는 일, 가능한 일을 성의를 가지고 행하면 되는 것입니다. 그렇게 하면 당신이 품고 있는 문제도 틀림없이 해결될 것입니다.

W라는 카메라맨이 있습니다. 하루는 건강기구 메이커로부터 사진촬영 의뢰를 받아 작업을 했는데 그 촬영료를 받기도 전에 회사가 도산해 버렸습니다. 그 금액이 300만 엔이었다고 하니 결코 적은 금액이 아니었습니다. 당연한 이야기지만 W씨는 채권자가 되었는데, 자신 스스로가 일

을 크게 만들거나 하지는 않았습니다. 아니 오히려 그 회사의 사장에게 이렇게 말했다고 합니다.

"지금까지 귀사로부터 많은 일을 의뢰받아 왔기에 저는 늘 감사하고 있었습니다. 남은 촬영료는 귀사의 형편이 좋아졌을 때 지불하도록 하십시오."

하지만 W씨 역시 사정은 좋질 않았습니다. 아이들의 학비에, 교외에 집을 장만했기 때문에 매월 그 융자금을 갚느라 고생을 하고 있었습니다.

그러나 '타인의 행복을 진심으로 축복해 주십시오. 그것은 동시에 당신을 축복하는 일이 됩니다' 라는 머피 박사의 말처럼 곧 W씨의 상황이 바뀌기 시작했습니다.

도산한 회사의 사장이 친구와 지인의 회사에 W씨의 PR을 해준 덕분에 수많은 신규 고객을 갖게 된 것입니다. 그뿐이 아니었습니다. 그의 사진집이 폭발적인 인기를 끌어 고액의 인세를 받게 된 것이었습니다. 그 덕분에 W씨의 지명도가 큰폭으로 상승, 지금은 최고 인기의 카메라맨으로 대활약을 하고 있습니다.

이 이야기에서도 알 수 있듯이 자신이 곤란에 처했을 때일지라도 자신보다 더욱 곤경에 처한 사람을 도우면 당신은 놀랄 만한 행복을 맛볼 수 있게 되는 것입니다. 그러니까 당신도 지금부터 이렇게 생각해 보지 않겠습니까?

'타인의 성공을 빌거나, 타인에게 기쁨을 주거나, 도움을 주거나, 타인을 위해 노력하는 행위는 타인이 아닌 자신을 위한 것이다'

일본에는 '정은 타인을 위한 것이 아니다' 라는 속담이 있습니다. '정은 타인을 위해서 베푸는 것이 아니고 결국에는 자신에게 돌아오게 되어 있는 것이다' 라는 의미입니다. 이것은 위의 말과 같은 의미를 지닌 것입니다. 옛사람들도 '타인을 위한 노력' 은 돌고 돌아서 결국에는 자신이 다른 사람에게 친절한 대접을 받는 일과 연결된다는 것을 체험적으로 알고 있었던 것입니다.

마지막으로 주의점을 한 가지 말해 보겠습니다.

그것은 '나는 그(그녀)를 위해서 이렇게 많은 일을 했다' 라든지 '조금은 감사의 마음을 갖길 비란다' 라는 식의 타산적인 감정을 품어서는 안 된다는 것입니다. 누구라도 타인에게 무엇인가를 베풀 때는 '해주고 있다' 라는 기분을 갖게 됩니다. 그런 마음이 드는 것은 이상한 일은 아닙니다.

하지만 이런 마음으로 타인과 접하게 되면 이심전심이라고 상대도 부담을 느끼게 되는 것입니다. 친절함을 베푼 뒤, 상대로부터 보답이 없다고 화를 내기보다는 친절함을 베풀 수 있었던 자신에게 만족할 수 있는 마음을 갖도록 노력하길 바랍니다. 어려운 일이라고 생각될지도 모르겠습니다만 '정은 타인을 위한 것이 아니다' 라고 생각하십시오.

따라서 친절을 베푼 상대로부터의 직접적인 보답은 절대 생각지 말고 단지 '이 사람에게 도움을 주고 싶다' 라는 관대한 마음을 갖도록 하십시오.

그렇게 하면 신(인간 공통의 잠재의식)은 당신이 기대하고 있는 것보다 더욱 큰 선물을 주실 것입니다.

제5장

호감을 사기 위한 테크닉 4단계 이렇게 하면 상대의 심금을 울릴 수 있다

상대의 마음을 움직일 것

우물물을 길어 올릴 때 두레박의 밑이 깨져서
그것으로 퍼 올릴 수 있는 물이 한 방울이라 하더라도 몇 백 번,
몇 천 번 반복한다면 언젠가는 통에 물을 가득 채울 수 있습니다.
사람의 심금을 울린다는 것은 이와 같은 것입니다.

저는 종종 친구나 지인들로부터 '우에니시 씨는 많은 사람을 알고 계시지요? 어떻게 해야 그런 인간 관계를 유지할 수 있습니까? 라는 질문을 받곤 합니다.

이런 말을 들으면 좀 부끄러운 마음이 들기는 하지만 사실 생각해 보면 틀림없는 말로, 지금까지의 인생을 되돌아보면 많은 분들의 응원과 협력 덕분에 제가 원하는 일이 성장해 왔다고 생각되는 때가 종종 있습니다. 제가 하고 싶었던 일을 이만큼 이끌어올 수 있었던 것도, 60권 이상이나

되는 책을 출판할 수 있었던 것도 '제가 알고 있는 것이 있
다면 협력해 드리겠습니다', '우에니시 씨에게 ××출판
사를 소개시켜 드리겠습니다' 라고 말씀해 주신 분들이 있
었기 때문입니다.

하지만 '어떻게 해야 그런 인간 관계를 유지할 수 있습
니까? 라는 질문을 받으면 솔직히 당황하고 맙니다. 왜냐
하면 저는 사람과 사귈 때에 극히 당연한 일을 할 뿐으로
여러분에게 자랑할 만한 '이렇다 할 비결' 같은 것을 특별
히 가지고 있지 않기 때문입니다. 단, 친하게 지내고 있는
몇몇 분의 말씀에 의하면 그 지극히 당연한 일에 '마음이
움직였다', '감동했다' 라는 것입니다.

'상대의 마음을 움직이거나 감동시킬 수 있었던 부분이
있었다면 그것은 무엇이었을까?

하루는 이 질문에 대한 몇 가지 답을 정리할 수 있었거에
그것을 지인에게 이야기했더니 그 분은 뜻밖에도 이런 말
을 했습니다.

'바로 그겁니다, 그거. 틀림없이 아주 당연한 일로 누구
라도 가능할 것 같은 일이지만 모두가 귀찮아서 하지 않는
것일 뿐입니다. 아니, 너무나도 당연한 일이기에 평소에는

놓쳐버리고 마는 것이라고 말하는 편이 정확할지도 모르
겠습니다.'

그래서 본 장에서는 그분이 말한 '모두가 귀찮아서 하지
않는 일' 혹은 '너무나도 당연한 일이기에 평소에는 놓쳐
버리고 마는 일'을 바탕으로 저의 지론과 머피의 법칙을
섞어가면서 '사람의 마음을 움직이기 위한 비결', '인맥을
만드는 요령' 등에 대해서 기술해 보기로 하겠습니다.

비약의 원천은 미소

미소에는 사람의 마음을 밝고, 부드럽고, 호의적으로 만드는 위대한 힘이 있습니다. 따라서 끊임없이 미소를 짓기 위해 노력하는 사람은 훗날 긍정적으로 비약하게 되는 것입니다.

인간 관계를 원만하게 만들기 위해서는 무엇보다도 미소가 중요합니다. 남녀노소를 막론하고 상냥하게 웃는 얼굴을 보고 기분이 나빠질 사람은 아무도 없을 것입니다. 대부분의 경우 '밝은 사람이다', '인상이 좋은 사람이다'라고 상대에게 좋은 인상을 심어 주게 될 것입니다. 즉, 늘 얼굴에 웃음을 띠우고 있으면 자신의 이미지를 향상시킬 수 있기 때문에 인간 관계가 원만해지는 것입니다. 따라서 사람의 마음을 움직이거나 인맥을 구축하기가 쉬워지는 것입니다.

또 심리학적으로 미소를 분석해 보면 사람은 즐겁기 때문에 웃는 것이지만 그와 동시에 웃기 때문에 즐거워지기도 하는 것입니다. 즉, 즐거운 일이 없어도 웃으면 자신 속의 어둡고 무겁던 기분이 점점 사라져서 밝고 긍정적인 기분으로 바뀌게 되는 것입니다. 하지만 머릿속으로는 알고 있어도 '즐겁지도 않은데 어떻게 웃을 수 있단 말인가? 라든지 '웃음을 지으려 해도 얼굴이 굳어서 웃어지질 않는다' 또는 '나는 남자이기 때문에 빙글빙글 미소짓기가 부끄럽다' 라고 말하는 사람도 적지 않습니다.

그런 사람들은 먼저 거울 앞에 서서 자연스럽고 상쾌하게 보이는 미소를 짓도록 연습해 보십시오. 만약 주위에 본보기가 될 만한 멋진 웃음을 짓는 사람이 있다면 그 사람의 표정이나 행동을 흉내내는 것입니다. 주위에 본보기가 될 만한 사람이 없는 사람은 유명인이나 연예인의 표정을 참고로 하면 좋을 것입니다. 자신이 유명인이나 연예인이 된 듯한 기분으로 거울을 향해 미소를 지어보는 것입니다.

'접근하기 힘들다', '어둡다' 라는 평을 듣고 있어 업무에도 지장이 있었던 한 남자가 웃기 연습을 통해 그 문제를 극복했다는 이야기를 들은 적이 있습니다. 그 남자는 매일 아침 거울 앞에서 웃기 연습을 했음은 물론, 평소에도 주머니에 작은 손거울을 넣고 다니면서 때때로 자신의 표정을 거울로 체크하거나 웃기 연습을 했다고 합니다. 처음에는 어딘지 좀 어색해 보이는 웃음이었지만 익숙해지기 시작하면서는 웃는 일이 전혀 고통스럽게 느껴지지 않았다고 합니다. 그러자 상대의 반응이 좋아지기 시작했고 그것이 기뻐서 진심으로 웃을 수 있게 되었다고 합니다. 그 결과 남들에게 호감을 주게 되어 공적으로도 사적으로도 많은 사람들을 사귈 수 있게 되었다고 합니다.

이 이야기에서 알 수 있는 것과 같이 미소에는 굉장한 힘이 있어 인간 관계를 원만하게 하거나 인맥을 늘이는 커다란 무기가 된다는 것을 잊어서는 안 됩니다.

감사의 마음을 적극적으로

타인으로부터 무엇인가를 받았을 때,
감사의 말을 전하는 것은 에티켓입니다.
될 수 있는 대로 빨리 감사의 마음을 전해야만
당신을 강하게 어필할 수 있습니다.

누군가에게 도움을 받았을 때나 물건을 받았을 때 감사의 말을 전하는 것은 당연한 일입니다만 때에 따라서는 그것이 여의치 않을 때가 있습니다.

예를 들어, 감사 편지를 써야 하는데 '상대의 마음을 울릴 만한 문장을 멋진 글씨로 보내야 한다' 라는 식으로 생각하고 있다면 그것이 부담이 되어 좀처럼 써지지 않아 몇 주가 지나서야 간신히 보내게 되는 경우까지 생기게 됩니다. 하지만 좀 멋진 글이라 하더라도 그 일을 잊을 때쯤 편지가 도착한다면 상대도 그다지 감동하지 않을 것이고 개중에는 기분 나빠하는 사람이 있을지도 모릅니다. 그보다는 그다지 멋진 글이나 문장은 아니라 할지라도 바로 도착하는 감사 편지가 상대에게 더 많은 성의를 전달해 주는 것입니다.

또 인맥을 늘일 수 있는 절호의 찬스인 친목회나 회합, 파티 등에서 우리들은 곧잘 명함을 교환하는데 참가자가 많을 경우에는 상대의 얼굴까지는 기억을 못합니다. 많은 사람과 명함을 교환했다 하더라도 아주 강한 인상을 가진 사람이 아니면 좀처럼 기억에 남지 않는 것입니다. 그렇기 때문에 상대에게 강한 인상을 줄 수 있도록 하는 것이 중요해집니다.

'인맥 형성의 명인' 이라고 불리는 한 능력 있는 사업가는 자신의 인상을 심어주기 위해서 명함을 교환한 사람 전원에게 그날로 편지를 쓴다는 것입니다.

'오늘 명함을 교환할 수 있어서 정말 기뻤습니다. 뵙게 되어 영광입니다.'

이런 편지가 빠르면 그 다음 날, 늦어도 이틀 뒤에는 도착하는 것입니다. 그것을 받은 사람은 기분이 좋을 것입니다. 그리고 '괜찮은 사람' 이라고 좋은 인상을 갖게 되는 것입니다. 이 사업가는 이 방법으로 수많은 유력인사들과의

관계를 구축했다고 합니다. 그러니 당신도 참고해 보는 것
이 어떻겠습니까?

물론 감사의 말을 전화로 해도 무방하고 요즘에는 팩시
밀리나 이메일이 일반화되어 있으니 빠른 대응을 하도록
노력한다면 상대의 마음을 울리는 수단으로써 커다란 도
움이 될 것입니다.

무슨 일이든 정성을 담아서

어떤 일이든 정성을 담아서 행하십시오.
왜냐하면 정성이 담긴 것은 상대를 감동시키는 힘이 있기 때문입니다.

감사장은 물론 연하장이나 엽서, 인사장 등의 우편물은 할 수만 있다면 직접 손으로 써서 보낼 것을 권합니다. 왜냐하면 컴퓨터로 작성된 것이나 인쇄한 문자는 어딘지 정이 없어 보이고 상대에게 차가운 인상을 주기 때문입니다. 실제로 저는 컴퓨터로 작성된 것이나 인쇄된 우편물을 받으면 그저 한 번 읽어볼 뿐, 몇 번이고 읽어보고 싶은 마음은 생기지 않습니다.

따라서 컴퓨터 조작에 능숙하다 하더라도 또 글씨를 잘

못 쓴다 하더라도 가능한 손으로 써보는 것이 어떻겠습니까?

손으로 직접 쓴 편지를 받으면 보내는 사람의 따스함이 느껴지고 또 그것이 그대로 그 사람에 대한 이미지로 연결되기 때문입니다.

큐슈九州의 하카타에 M이라는, 명태젓을 제조·판매하고 있는 회사가 있습니다. 그 회사는 불경기임에도 불구하고 연매출액 30억 엔을 자랑하고 있는데 그 비결은 맛은 물론 말할 것도 없고 손님에 대한 관리에 있다고 해도 과언은 아닐 것입니다.

그도 그럴 것이 그 회사에서는 손님에게 매달 약 3만 통의 다이렉트 메일을 보내고 있는데 그 이름은 전부 손으로 직접 쓴다는 것이었습니다. 그것도 한자 한자 정성을 들여서…….

그 사장님은 이렇게 말합니다.

"친하게 지내는 친구·지인들로부터 '그런 귀찮은 일을 왜 하고 있는 거지? 요즘에는 다들 컴퓨터로 작성하고 있는데' 라는 말을 듣습니다. 하지만 저는 그렇게 생각지 않습니다. 틀림없이 손이 가는 작업입니다만 이 방법이 손님들 마음을 울리고 있는 것 같습니다. 그 덕분인지는 잘 모르겠지만 전국에서 주문이 끊임없이 들어오고 있습니다."

이것은 당신에게도 예외는 아닙니다. '친해지고 싶다', '이 사람과의 만남을 소중히 하고 싶다' 라고 생각된다면 오늘부터는 귀찮더라도 우편물을 손으로 직접 써 보십시오. 상대의 태도가 완전히 바뀔 것입니다. 하지만 연하장처럼 대량으로 써야만 할 때는 전부 손으로 쓴다면 시간적으로 쫓기게 될 때도 있습니다. 그럴 때는 인쇄된 것에 정성을 담아서 한마디 덧붙이는 것만으로도 상대에게 주는 인상이 크게 바뀌게 됩니다.

자신만의 커뮤니케이션 방법

커뮤니케이션의 방법에 자신의 취향을 담아보십시오.
단지 그것만으로도 상대는 감동할 것입니다.

최근 이메일이 급속도로 보급되면서 그 이용 범위가 상당히 넓어지고 있습니다. 이 정도로 보급되었다면 공적으로든 사적으로든 커뮤니케이션의 수단으로 이메일을 활용하지 않을 수가 없게 되었습니다. 물론 앞에서 기술한 바처럼 손으로 직접 쓰는 것보다는 못할지는 몰라도 TPO를 판단해서 적절히 사용한다면 틀림없이 도움이 될 것입니다.

예를 들어서 조그만 회합이나 파티의 안내장 등, 같은 내용을 많은 사람에게 보내야 할 때는 한꺼번에 여러 사람에게 보낼 수 있는 이메일을 이용한다면 많은 시간과 노동력을 절약할 수 있습니다. 연락하는 데 시간이 절약된다면 좀 더 많은 사람들에게 알릴 수 있기 때문에 교제범위가 넓어질 수도 있을 것입니다.

이것을 한 사람, 한 사람에게 전화로 연락을 한다면, 상대가 그 자리에 없을 때는 그것을 알릴 수 없게 되고 또 전화를 받은 사람에게 전해달라고 부탁하면 잊어버릴 수도 있는 등 정확하게 전달되지 않을 가능성이 있습니다. 자동 응답기에 내용을 녹음시키는 방법도 있기는 하지만 녹음한 것이 잘 들리지 않을 가능성도 있습니다. 또 전화가 아닌 팩스를 사용할 때도 상대가 팩스를 사용중이거나, 제대로 보내지지 않았거나, 글자가 잘 보이지 않아 읽기 어려운 경우가 생길지도 모릅니다.

하지만 이메일이라면 상대가 자리에 없을 때나 시간에 상관없이 송신할 수가 있고, 팩스와는 달리 글자가 잘 보이지 않을 걱정도 없습니다. 노동력과 시간, 전화요금이 크게 줄어들게 되는 것입니다.

이 이메일의 장점을 이용하여 친해지고 싶은 사람에게 근황 등을 가끔 보내준다면 상대는 '언제나 나를 잊지 않는구나' 라고 친밀감을 느끼게 될 것입니다. 특히 해외나 멀리 떨어져 있는 사람에게 연락을 하기에는 안성맞춤이라고 할 수 있겠습니다.

단, 팩스와 마찬가지로 결과물이 남는 것이기 때문에 험담이나 뒷공론은 쓰지 말도록 하십시오. 상대에게 힘을 주는 내용이나 유쾌함을 느낄 수 있는 내용, 마음이 편안해지는 내용을 쓰도록 노력하십시오. 특히 상대가 고민거리를 보내왔을 때는 그에 대한 답을 보내는 것만으로도 상대는 크게 감동할 것입니다. 그렇게 된다면 당신에 대한 신뢰감이 더욱 깊어질 것입니다.

감동을 상대에게도

여행을 떠났을 때는 그림엽서를 보내보십시오.

왜냐하면 그것을 받은 사람은 '여행지에서까지 내 생각을 하고 일부러 엽서까지 보내주다니' 라며 감동할 것이기 때문입니다. 즉, 당신의 존재를 상대에게 어필할 수 있는 절호의 찬스가 되는 것입니다.

그럴 경우 주의할 점은, 짧아도 상관없으니 겸허한 마음으로 써야 한다는 것입니다.

전에 저와 상담했던 분들에게서 받은 엽서 중에서 가장

기뻐던 것은 틀림없이 다음과 같은 내용의 엽서였던 것으로 기억됩니다.

"선생님이 권하신 대로 가족과 함께 홋까이도北海道로 여행을 왔습니다. 선생님이 말씀하신 대로 홋까이도의 광활한 대지는 감동적입니다. 이렇게 넓고 한적하며 아름다운 곳이 있었다니, 늘상 아웅다웅 살고 있는 우리들이 어리석게 느껴지기도 합니다. 스트레스도 어딘가로 날아가 버렸습니다. 소문대로 게, 연어, 생라면, 소프트 아이스크림 등 먹을거리들이 너무 맛있어서 집사람도 아이들도 아주 기뻐하고 있습니다. 가족들이 이렇게 기뻐하는 모습을 보는 것은 정말 오랜만입니다. 이것도 선생님 덕분입니다. 감사드립니다. 동경에 돌아가면 선물을 가지고 다시 한번 찾아 뵙겠습니다.'

아름다운 라벤더 밭 사진의 그림엽서에는 위와 같은 글이 적혀 있었습니다.

당시 그는 일 때문에 상당히 스트레스를 받고 있었고 가족과도 관계가 그렇게 좋지 못했었기에 저는 홋까이도로 여행할 것을 권했던 것입니다. 글씨도 글의 내용도 특별히 뛰어난 것은 아니었지만 꾸밈없는 내용에서 제게 감사하고 있다는 마음이 전해져와 정말 기뻐했던 것을 기억하고 있습니다. 또 여행중에 일부러 그림엽서를 보내줬다는 사실에 '그만큼 나를 생각하고 있었나' 라는 생각이 들었던 것입니다.

그로부터 며칠 후, 아직 홋까이도에 체재하고 있던 그로부터 메론이 보내져 왔습니다. '일부러 선물까지 보내주다니……' 라고 감격했던 기억이 있습니다. 그 순간 '사람의 마음을 울리려면 어떻게 해야 하나? 를 그로부터 배운 듯한 느낌이 들었습니다.

편지를 잘 쓰는 방법

타인에게 편지를 보낼 때는 오자·탈자에 주의하십시오.
그것이 상대에게 커다란 불쾌감을 주게될 가능성도 있기 때문입니다.

편지를 보낼 때 곧잘 이름을 틀리게 적어서 보내곤 하는 사람이 있습니다.

'명함까지 건네주었는데 이래가지고는 아무런 의미도 없질 않은가? 라고 생각할 것입니다. 왜냐하면 이름이나 직함이라는 것은 그 사람의 프라이드나 자부심과 직결되는 것이기 때문에 그것이 무시당하면 신경질적인 사람은 자존심에까지 상처를 받은 듯한 기분이 들기 때문입니다.

따라서 당신도 타인에게 편지나 엽서를 보낼 경우에는

이름과 직함이 틀리지 않도록 세심한 주의를 기울이도록 하십시오.

특히 신경질적인 사람에게는 더욱 더 주의해야 합니다.

또 편지, 팩스, 메일 그 어느 것이든 오·탈자에도 주의를 기울이도록 하십시오.

예전에 한 프리 라이터가 성공법 노우하우를 설명한 단행본의 기획서를 출판사에 보낸 적이 있었는데 기획서 중에 '성공成功, せいこう'을 '성교性交, せいこう'라는 말로 잘못 입력해서 담당 편집자로부터 비웃음을 샀다고 합니다.

이런 경우라면 그저 웃어 넘길 수 있지만 그렇지 못한 경우도 있는 법입니다.

생각해 보십시오. 당신이 거래처에 아무리 좋은 기획서를 제출했다 하더라도 그것이 오·탈자투성이라면 상대는 어떤 기분이 들까요? 점점 읽고 싶은 마음이 가셔버리고 말 것입니다. 이래서는 기획서가 무용지물이 되고 말 것입니다.

따라서 오·탈자에는 주의를 기울여야 합니다. 자신이 없을 때는 주저하지 말고 사전을 찾는 습관을 들이도록 하십시오. 또 글을 쓴 다음에는 꼭 다시 한번 읽어 보십시오.

이 아무것도 아닌 것 같은 습관이 사람의 마음을 움직이게
하는 커다란 무기가 되기 때문입니다.

상대가 기뻐할 선물을 고르는 법

　사람과 친해질 수 있는 방법으로 선물이라는 방법이 있습니다.

　옛날부터 '신세 많이 졌습니다', '좀더 친해지고 싶다'라는 식으로 추석이나 새해가 되면 선물을 보내곤 했습니다.

　그 외에도 결혼, 출산, 이사, 입학, 환갑 등 축하할 일이 있을 때마다 선물을 하는 습관이 있습니다. 또 어버이 날, 크리스마스와 발렌타인데이, 생일 등에는 좋아하는 사람이나 가족, 친구에게 선물을 하기 때문에 우리들이 선물을 할 기회는 의외로 많다고 할 수 있습니다.

선물을 할 때 중요한 것은 받는 사람이 좋아할 만한 물건, 감격할 만한 물건을 주도록 해야 한다는 것입니다. 예를 들어 금연중인 사람에게 라이터를 선물한다면 좋아할 리가 없을 것입니다.

'금연중인 사람에게 라이터를 선물하다니 정말 무신경한 사람이군. 무시하는 거야?' 라며 오히려 불쾌하게 생각하는 사람도 있을 것입니다. 싫어하는 색이나 모양의 물건을 선물한 경우도 마찬가지. 사람에 따라서는 '이걸 선물이라고 주는 거야?' 라고 생각할지도 모릅니다. 위와 같이 심한 경우는 아니지만, 단음식을 싫어하는 사람에게 과자를 선물한다면 상대는 감동하지 않을 뿐만 아니라 '받은 물건이긴 하지만 다른 사람에게 줘버리자' 라고 생각할지도 모릅니다. 이렇게 생각한다면 타인에게 선물을 보낸다는 것은 언뜻 보기에는 쉬워 보이지만 의외로 어려운 일입니다. 즉, 상대의 기호나 상황을 파악해 두지 않으면 기뻐하기는커녕 오히려 신경을 거슬리게 하는 경우도 있기 때문입니다.

　따라서 평소에 상대의 취미나 기호를 알아두거나 이야기를 나눌 때 슬쩍 상대의 취향이나 상황을 물어봐서 조사해 놓는 것이 중요합니다.

　또 선물이라고 해서 꼭 물건이어야 한다는 것은 아닙니다.

　"뉴욕에 가고 싶다면 어디어디에 가면 싼 티켓을 구할 수 있어."

　"그녀와 첫 데이트라고? 그럼 어디에 있는 호텔 레스토랑에 한 번 가봐."

　라는 식으로 필요한 정보를 제공하는 것도 상대의 마음을 울릴 수 있는 멋진 선물이 되는 것입니다.

요구에 맞는 선물

상대의 요구에 맞는 선물은, 상대의 마음을
기쁨과 감사로 가득 차게 합니다. 그것이 곧 자신에게로 돌아와
돈으로는 살 수 없는 커다란 재산이 됩니다.

선물은 상대의 기호나 상황에 맞는 물건을 고르는 것이 중요하지만, 만약 상대에게 가족이 있다면 그 가족이 기뻐할 만한 물건을 선물하는 것도 선물 고르기의 커다란 포인트가 됩니다.

예를 들어, 상대에게 부인이 있을 때는 부부가 함께 저녁 식사를 할 수 있도록 한다면 센스가 있는 사람이라고 평가할 것입니다. 또 자녀가 있는 가정이라면 디즈니랜드의 티켓을 좋아할지도 모릅니다. 또 대가족일 때는 온 가족이 함께 먹을 수 있는 것을 보낸다면 '그 분이 보내주신 것 정말 맛있는데요' 라며 온 가족이 둘러앉아 이야기를 나누게 될 것입니다.

단, 이때도 주의할 점은 있습니다.

상대와 그 가족의 상황을 사전에 조사해서 '가족이 필요로 하는 물건' 을 보내야 한다는 것입니다.

여기서 A씨에게 있었던 일을 이야기해 보겠습니다.

섬유관계 회사에서 근무하고 있는 A씨는 절대적인 인사권을 쥐고 있는 상사 M부장에게 고급 소고기 스테이크를 새해 선물로 보낸 적이 있었습니다.

"꽤 비싸기는 했지만 스테이크를 좋아하는 부장님이나 부장님 가족들이 기뻐하실 거야. 그러면 나를 높이 평가할 거고 빨리 승진할 수 있을 지도 몰라."

하지만 A씨의 기대와는 달리 상대는 정반대의 반응을 보였습니다. 선물을 보냈지만 M부장은 그다지 기뻐하지 않았습니다.

A씨가 그 이유를 알게 된 것은 후일 동료로부터 이런 충고를 듣고 난 후였습니다.

"A씨. 부장님께 새해 선물로 스테이크를 보냈다며? 부장님 지금 몸이 좋질 않아서 고기를 드시지 못한다는 얘기 듣지 못했어? 그리고 사모님은 당뇨병, 따님은 다이어트 중이라 가족 모두가 식이요법 중이란 말이야.”

이런 동료의 말을 듣고 A씨는 저도 모르게 한탄을 했습니다.

“맞아. 전에 부장님이 ‘가족 모두가 식이요법 중이라 육류는 먹질 않아. 그러니까 신경 쓰지 말아’ 라고 말씀하신 적이 있었는데. 아, 까맣게 잊어먹고 있었다. 멍청하게 스테이크를 보내다니!’

A씨의 이야기는 결코 남의 이야기가 아닙니다.

당신도 타인에게 선물할 때는 ‘이런 물건을 보낸다면 그 가족들이 어떻게 생각할까? 기뻐할까? 아니면 기분 나빠할까? 등 충분히 생각한 뒤에 보내도록 주의하십시오.

‘그 집 사람들은 모두 과자를 좋아하고 특히 할머님이 양갱을 좋아하시니까 새해 선물은 양갱으로 하자’ 라든지 ‘그 사람 아버님이 올해 퇴직하시고 원예에 취미를 붙이셨다니까 화분에 심은 허브를 선물로 들고 가자’ , ‘그 사람 지금 고혈압으로 염분을 피하고 있고 아이들은 아토피성 피부로 달걀과 우유를 먹지 못하니까 추석 선물로는 염분

이 적고 첨가물이 들어 있지 않은 조미료를 보내자'라는
식으로 상대의 가족 구성이나 상황에 맞춰 선물을 할 수 있
도록 해야 합니다.

그렇게 하면 그 사람과 그 사람의 가족들은 '그 사람 생
각이 깊은 사람이다'라며 선물을 보낸 사람에게 좋은 인상
을 갖게 되는 것입니다.

이와 같은 센스를 발휘할 수 있느냐 없느냐에 따라서 당
신에 대한 평가는 크게 달라질 것입니다.

공동체험으로 친근감 배양

공동체험을 하게 되면 상대와 마음이 잘 통하게 됩니다.
상대의 마음을 알게 되어 두 사람 사이를
가로막고 있던 벽이 허물어지기 때문입니다.

새롭게 알게 된 사람과 한시라도 빨리 친해지고 싶을 때는 상대와 공동의 취미나 즐거움을 갖는 것도 하나의 방법이 될 수 있습니다.

사업가들 사이에 골프가 보급된 것노 이런 이유가 적지 않을 것 같습니다. 푸르름에 둘러싸인 골프장에서 신선한 공기를 마시면서 공을 치거나, 담소를 나누면서 잔디 위를 걸으면 기분 좋은 공통의 체험이 생겨 교류가 깊어지기 때문일 것입니다.

예를 들어, 거래처 사람과 함께 갔다 온 경우,

"일전의 골프는 정말 재미있었습니다. 과장님 스코어가 너무 좋아서 깜짝 놀랐습니다."

"그래? ○○골프장도 잘 지어놨다는데 다음 달에는 그리로 가서 쳐볼까? 그리고 이번 일도 그쪽에 부탁할 테니 잘 부탁하네."

라는 식으로 그 자리의 분위기가 즐거워지면 상대와는 더욱 친해질 것이고 후일담으로도 부족함이 없을 것입니다. 그 결과 계약의 성립으로 연결될 가능성도 커지게 되는 것입니다. 또 직장 동료 간의 커뮤니케이션을 원활하게 하는 수단으로써도 큰몫을 하고 있기 때문에 골프 인구가 많은 것인지도 모릅니다.

하지만 골프만이 취미라고 할 수 없습니다. 스포츠만 해도 스키, 테니스, 탁구, 승마, 수영, 무도武道, 마라톤, 조깅 등 헤아릴 수 없이 많고, 그 외에도 음악이나 여행, 낚시, 도예, 시, 영화감상 등 여러 가지로 생각할 수 있습니다. 그러니 당신도 친해지고 싶은 사람과 공통의 취미를 갖도록 해 보십시오.

여기서 식품 메이커에 근무하는 T씨의 예를 소개해 보겠습니다. 제조부문의 계장인 T씨는 직속 상사인 과장과의 사이가 좋질 않아서 고민하고 있었습니다. 한 마디로 말하자면 성격이 잘 맞지 않아서입니다만, 기껏 과장을 생각해서 했다는 말이 과장의 마음을 거스르게 해 화를 내게 한다든지, 하는 일마다 어긋나는 등 업무에까지 지장을 주게 되었다고 합니다.

그 결과 과장이 'T는 부리기가 힘든 사람이다' 라고 생각하고 있다는 것을 느끼게 된 T씨는 과장 앞에서는 기를 펼 수가 없게 되었습니다.

하지만 인간 관계란 어떻게 될지 모르는 것입니다. 하루는 사보에서 과장이 만돌린 연주를 취미로 하고 있다는 것을 알게 된 그는 지푸라기라도 잡는 심정으로 자신도 만돌린을 배우기로 결심했습니다.

'어째서 과장님과는 관계가 좋지 않은 것일까? 최후의 수단으로 만돌린을 배워 보자. 악기에 자신은 없지만 어쨌든 이야깃거리를 만들기 위해서라도 도전해 볼 가치는 있다'

이렇게 생각한 T씨는 바로 만돌린을 배우기 시작, 잡담을 나누다가 과장에게 이렇게 말해봤습니다.

"실은, 저도 최근에 만돌린을 배우기 시작했는데 손가락이 마음대로 움직여 주질 않아서……. 과장님, 언제 한 번 가르쳐주실 수 없겠습니까?"

이렇게 말하자 그때까지 굳은 표정이었던 과장의 얼굴이 갑자기 풀어지면서 빙그레 웃기 시작했습니다. 이를 계기로 과장은 T씨를 동지를 볼 때처럼 따뜻한 눈으로 바라보게 되었습니다. 취미에 의해서 두 사람 사이에 남아 있던 응어리가 사라졌을 뿐만 아니라 상사와 부하 이상의 관계가 되어 일도 원활하게 진행할 수 있게 되었다고 합니다.

이 예는 당신에게도 커다란 참고가 될 것입니다. '그런 일에는 관심없다. 난 서투르니까' 라며 멀리하기보다는 T씨처럼 일단 도전해 보는 것이 상대와의 관계 개선과 자신의 취미 확장을 위해서 도움이 된다는 것을 기억해 두십시오.

약속시간을 지킬 것

약속을 지키지 않는다는 것은 상대의 시간을 빼앗고 있다는 것입니다. 시간에 대해 무감각하면, 그때까지 쌓아올린 신용이 무너져버린다는 것을 명심해 두십시오.

그 어떤 상대라 하더라도 약속시간을 지키는 것은 최소한의 에티켓입니다. 일에 있어서의 약속시간은 물론 친구나 연인 관계에 있어서도 시간을 어긴다면 신용을 잃게 되어 그 관계가 악화될 우려가 있습니다.

이것은 지인인 A씨로부터 들은 대학시절의 이야기입니다. A씨는 봄방학을 이용하여 대학 친구 10명과 이즈伊豆로의 여행을 계획하고 있었습니다. 하지만 그중에 시간에 무감각하고 약속을 하면 꼭 30분 정도는 아무렇지도 않게 늦는 B라는 사람이 있었습니다. 누가 무슨 말을 해도 전혀 고쳐지질 않았습니다. 만약 B가 이번 약속에도 늦으면 여행이 엉망이 되어버리고 말기 때문에 한 가지 방법을 생각해 냈습니다. B가 지각해도 지장이 없도록 그에게만 약속 시간을 30분 이른 8시 30분이라고 말하기로 했던 것입니다.

"이렇게 하면 평소처럼 B가 지각을 해도 많이 기다리지 않아도 되고 예정된 기차에도 오를 수 있을 거야."

그런데 B는 하필이면 그때만은 제 시간에 왔습니다. 즉, 실제 약속 시간보다 30분 일찍 그곳에 도착했는데 친구가 한 명도 나와 있질 않았던 것입니다. 그는 친구들이 자기를 놓고 간 줄 알고 서둘러서 기차에 올라버렸습니다. 그날 B와 다른 친구들은 길이 엇갈려서 결국 저녁에 여관에 도착해서야 겨우 만날 수 있었다고 합니다.

이 일이 있은 후 B와 다른 9명과의 관계가 험악해져 버렸다고 합니다. 그날 B씨의 행동 때문에 여행이 엉망이 되어버린 것과 그때까지 아무렇지도 않게 지각을 해왔던 그에 대한 불만이 한꺼번에 폭발했기 때문입니다. 결국 B는 시간에 무감각했기 때문에 많은 친구를 잃게 된 것입니다.

B의 예는 좀 극단적인 것일지도 모르겠지만 시간에 무

감각한 사람은 상대로부터 신용을 잃게 되어 인간 관계까지도 무너져버릴 위험이 있는 것입니다. 좋은 인간 관계를 구축하고 싶다면 시간을 엄수하는 것은 기본 중의 기본이라는 것을 명심해 두십시오.

언제나 활동적으로

회계사 사무소를 경영하고 있는 U라는 사람이 있습니다. 그는 굉장한 인맥을 갖고 있는 사람으로 저도 가끔 놀라는 때가 있습니다. 그 때문일까, 그 업계 전체가 불황임에도 불구하고 그의 사무실만은 언제나 일로 바쁘고, 실적도 순조롭게 쌓아가고 있었습니다. 그의 인맥과 일에 있어서의 운은 옆에서 보고 있으면 부러울 정도입니다만, 그와의 만남이 길어지면서 그 이유를 잘 알 수가 있었습니다. 한 마디로 표현하자면 '대인 관계가 좋다' 라고 할 수 있을 것입니다.

제가 모임에 초대하면 그 바쁜 와중에도 어떻게든 시간을 만들어서 그 모임에 얼굴을 내미는 것이었습니다. 또 송년회 등의 자리에서 분위기가 식으면 앞장서서 분위기를 살리는 것이었습니다.

그래서 인간 관계에 있어서 어떤 점에 가장 주의를 기울이고 있냐고 물었더니 U씨는 이런 식으로 대답을 했습니다.

"고마운 일입니다만 제 주위에는 좋은 분들이 많아서……. 특별히 하고 있는 일은 없습니다. 굳이 말하자면 다른 분들로부터 어떤 제의를 받았을 때는 아무리 바빠도 시간을 내서 얼굴을 내밀도록 노력하고 있다는 것뿐입니다. 사실 전에는 사람을 대하는 것이 무척 서툴렀습니다."

이 이야기를 들은 저는 조금 놀랐습니다. 지금의 그를 보고 있는 한, 사람을 대하는 것이 서툴렀다는 것은 상상할 수도 없는 일이었기 때문이었습니다.

그는 자신의 회계사무소를 차리기 전까지는 외출을 싫어하고 심하게 낯을 가려서 알고 있는 사람도 별로 없었다고 합니다. 그런데 자신의 사무소를 경영하게 되면서 '이

래서는 안 되겠다' 라고 깨닫게 된 것입니다. 아니, 그보다
는 아무리 일을 잘해도 사람과의 사귐이 좋지 않으면 일이
나 자금이 생기지 않는다는 것을 경험을 통해서 알게 된 것
입니다.

그래서 U씨는 굳게 마음을 먹고, 모임에 나와줄 것을 제
의 받으면 될 수 있는 한 참석한다는 것입니다. 그리고 참
석을 제의한 사람이나 동석한 사람들과 '나를 불러주다니
정말 고마운 일이다. 반드시 은혜에 보답하겠다' 라는 마음
가짐으로 노력했다고 합니다.

그러자 조금씩 아는 사람이 늘어났고 그 중에는 일을 의
뢰하는 사람, 협력해 주는 사람, 알고 싶었던 것에 대한 정
보를 주는 사람들이 있어서 사무소의 경영이 본궤도에 오
를 수 있게 되었다고 합니다. 또 하나 재미있는 것은, 좀 무
리를 해서라도 활동적으로 행동하자 점점 성격도 변해서
사람과 만나는 것이 좋아졌다고 합니다. 그렇게 되자 인맥
이 넓어지고 사무소도 점점 번창하게 되었다는 것입니다.

U씨의 이야기에서 알 수 있듯이 인맥을 넓히기 위해서
는 또 비약·발전할 기회를 얻기 위해서는 가능한 한 다른
사람의 제의에 응하고 다른 사람과 능숙하게 사귈 수 있도

록 노력하는 것이 중요합니다.

그리고 일과 관계된 사람 이외에도 좋은 배필과 만날 수도 있고, 둘도 없는 친구를 얻을 수도 있고, 여러 가지 정보에 접할 수도 있고, 생각지도 못했던 기회를 얻을 수도 있는 것입니다. 즉, 사람과의 만남을 소중히 하면 그만큼 소망을 이룰 수 있는 가능성이 높아지는 것입니다.

반대로 '사람과의 만남에 서툴고 피곤해서' 라든지 '귀찮아서' 라며 거부를 한다면 절호의 찬스를 놓쳐 버리게 되는 것입니다. 곧 누구도 상대하려 하지 않을 것입니다. 그럴 때는 U씨의 일을 생각해서 신용할 수 있는 사람으로부터의 제의에는 적극적으로 참석할 것을 권합니다.

가족간의 교류

가족이란 사랑과 선의의 상징입니다.
그 사랑과 선의의 상징간의 교류로 커뮤니케이션은
더욱 더 깊어질 것입니다.

그 어떤 인간 관계에 있어서도 가족 상호간의 교류가 있으면 상대와 아주 가까워졌다고 말해도 될 것입니다. 그도 그럴 것이 그런 관계는 서로가 상대편에게 자신의 사생활까지 전부 보여주는 결과가 되기 때문입니다.

실제 서로의 집을 오가는 것뿐만 아니라 함께 하이킹이나 드라이브를 한다든지, 놀이동산이나 쇼핑을 간다든지, 때로는 여행을 한다든지 하는 식으로 모두가 즐거운 경험을 공유하게 되면 더욱 더 친밀감을 느낄 수 있게 되는 것입니다.

하지만 이때도 주의해야 할 점은 있습니다.

여기서 자동차 제조회사의 경리부에서 근무하고 있는 야스다安田 씨의 경우를 예로 들어보겠습니다. 야스다 씨는 부인과 중학교 3년생인 외아들, 이렇게 세 식구가 살고 있습니다. 직장 동료인 S씨와는 가족 구성도 같고 아들의 나이도 같았기 때문에 의기투합, 가족간의 교류가 시작되었습니다.

'가족 구성이 비슷하니까 고민도 나눌 수 있고 좋은 상담자도 될 수 있다' 라고 서로가 생각, 서로의 집을 오가면서 개인적인 교류도 깊어져 갔습니다.

하지만 아들의 입시가 원인이 되어 두 가족간의 관계가 갑자기 변하게 되었습니다. 두 가족이 서로 상담하여 아들들을 같은 고등학교에 보내기로 했습니다. 하지만 야스다 씨의 아들은 합격했는데 S씨의 아들은 합격하질 못했기 때문입니다. 평소에는 S씨의 아들의 성적이 더 좋았기 때문에 틀림없이 합격할 것이라고 생각하고 있었던 만큼 S씨의 충격은 이만저만한 것이 아니었습니다.

그런데 야스다 씨는 자신의 아들이 합격한 것이 너무 기뻔 나머지 회사 사람들에게 자랑스럽게 이야기하는 등 S씨에 대한 배려가 좀 부족하게 행동했습니다. 그 때문에 S씨의 태도가 갑자기 서먹서먹해지기 시작했고 가족간의 교류도 끊어지게 되었습니다.

그리고 그로부터 얼마 지나지 않아서 야스다 씨는 영업부로 인사이동이 있었습니다. 입사 당시부터 경리과에서만 일해왔던 야스다 씨에게 있어서 전혀 다른 분야인 영업부로의 전속은 상당히 괴로운 것이었습니다. 나중에 알게 된 사실이지만 아무래도 S씨가 상사에게 야스다 씨의 전속을 추천한 것 같다는 것이었습니다. 이에 'S 때문에 영업부에 오게 되어 괴로운 나날을 보내게 되었다' 라고 이번에는 야스다 씨가 S씨를 원망하게 되었습니다.

그 결과 야스다 씨와 S씨 간에 커다란 응어리가 생겼고 가족간의 왕래도 완전히 끊어지는 등 불편한 관계가 되었다고 합니다.

야스다 씨와 S씨의 가족간의 교류가 실패로 돌아가게 된 데는 두 가지의 문제점을 지적할 수 있을 것입니다.

하나는 두 가족이 너무 친하게 지냈다는 점, 또 하나는 상대와 그 가족에 대한 배려가 부족했다는 점입니다.

즉, 공과 사를 막론하고 타인과의 교제에는 주의가 필요한 것입니다. 아무리 마음이 맞는다 하더라도 늘상 얼굴을 마주하고 있으면 서로의 자아, 과시, 욕망, 우열감과 같은 것이 클로즈업되기 때문에 불만이나 마음속의 응어리가 생기기 쉬워지는 것입니다. 그런 의미에서 본다면 야스다 씨와 S씨는 굳이 아들들을 같은 학교에 보내려 하지 말고 적당한 거리를 유지했어야만 했습니다. 그랬다면 좋은 관계를 계속 유지할 수 있었을 것입니다.

또 야스다 씨의 아들만이 고등학교에 합격했을 때, 야스다 씨가 떨어진 S씨의 아들의 입장을 고려하는 마음가짐이 있었다면 이처럼 관계가 끊어지지는 않았을 것입니다.

이 두 가지 점에 주의한다면 가족간의 교류라는 것은 서로간의 친밀감을 돈독하게 해주는 찬스가 되어줄 것입니다.

# 상상력은 풍부하게

인간 관계를 원만하게 하기 위한 비결로써 이메진(Imagine)의 실천을 권합니다. 이메진이란 소망이 이루어졌을 때의 모습을 가능한한 자세하게 상상해 보는 것입니다. 스포츠 선수들이 행하고 있는 이미지 트레이닝과 같은 것이라고 생각하면 됩니다.

나가시마 시게오長嶋茂雄 전 자이안츠 감독은 현역 시절, 시합 전날 밤에 반드시 자신이 홈런을 치는 모습을 생생하게 그려보고 다음 날 시합에 임해 그대로의 결과를 낳았다고 합니다만 이것은 스포츠에만 국한된 이야기가 아닙니다.

그것은 갖고 싶어하는 물건을 손에 넣거나, 성공해서 활약하고 있는 모습을 마치 영화의 한 장면처럼 상상해서 그것을 현실화하려는 실로 즐거운 행위인 것입니다. 인간 관계의 강화나 인맥을 다지는 데도 의외의 효과가 발휘되므로 반드시 실천해 보십시오.

예를 들어서 친해지고 싶은 사람이 있다면 그 사람과 식사를 하며 담소를 나누고 있는 모습을 상상해 보면 좋을 것입니다.

또 공통의 취미나 스포츠를 즐기며 친분을 다지는 장면도 좋을 것입니다.

혹은 함께 여행을 하거나 가족 동반으로 교제를 가지며 친해지는 모습이어도 좋습니다.

그러면 이메징이 어째서 효과적일까요? 그것은 친해지고 싶은 사람과 사이좋게 지내는 모습을 그려봄으로 해서 전보다 더 적극적으로 사고하고 행동하게 되기 때문입니다. 그뿐 아니라 얼굴의 표정과 행동이 밝아지고 긍정적으로 바뀌며 친해지고 싶은 사람 앞에서도 아무런 긴장감 없이 웃는 얼굴로, 호의적으로 대할 수 있게 되기 때문입니다. 그렇게만 된다면 이심전심으로 상대가 갖게 되는 당신에 대한 인상과 당신에 대한 주위의 평가가 달라지게 될 것이고, 사람들이 호감을 갖게 될 것이며 인맥도 점점 늘어나게 되는 것입니다.

한편 '잠재의식에 소망을 각인하기 위한 가장 좋은 시간대는 잠들기 직전입니다' 라고 머피 박사가 말한 것처럼 가능한한 잠자리에 든 직후에 이메징을 행하도록 해보십시오. 그 시간대에는 이성의 활동이 멈추고 잠재의식만이 활동하기 때문에 이메징에 의한 상념이 잠재의식에 쉽게 입력되기 때문입니다.

보답을 바라지 말 것

신뢰 관계를 구축함에 있어서 중요한 것은 기브&기브의 정신입니다. '이만큼 해 주었으니까 그만큼 보답해주길 바란다'라는 식으로 보답만을 기대하고 있으면 상대는 당신으로부터 떠나가 버릴 것입니다.

누구라도 곤란에 처했을 때 도움을 받거나 친절한 대접을 받는다면 상대에게 감사의 마음을 갖게 되어 '내게 잘해 줬으니까 이번에는 내가 보답하지 않으면 안 된다' 라는 마음이 생기게 마련입니다. 이런 관계가 지속되면 서로간의 신뢰감과 친근감이 깊어지게 되어 견고한 인간 관계가 형성됩니다.

하지만 그와는 반대로 '저 사람에게 이만한 도움을 주었으니 사은품 정도는 가지고 오겠지' 라든지 '감사의 마음을 전해오지 않으면 안 된다' 라는 식으로 보답만을 바라고 있다면 깊은 인간 관계는 맺을 수 없게 될 것입니다. 왜냐하면 '보답' 이라는 타산적인 생각을 품게 되면 그 기분이 상대에게도 전달되기 때문에 상대가 부담을 갖게 되어 멀리하려 하거나 상대도 타산적으로 접해오기 때문입니다.

흔히 인간 관계는 기브 & 테이크의 균형이 잘 잡혀 있을 때 원만해지는 것이라고 말합니다. 베푸는 것이 너무 많아도 안 되고 받는 것이 너무 많아도 안 된다, 서로가 비슷하게 주고받는 대등한 관계가 이상적이라는 사고방식입니다.

하지만 받는다는 것은 원한다고 해서 이루어지는 것이 아닙니다. 중요한 것은 받기를 요구하지 않고 베푸는 것입니다. 무리하게 받기를 원하면 상대와의 인간 관계가 무너져 버리게 될 것입니다.

아다치足立라는 30대 남자도 과거에 그와 같은 경험을 한 적이 있었습니다. 학생 때부터 친구였던 C가 회사를 그만두게 되자 아다치 씨는 자신의 일과 같이 친절하게 도움을 주었습니다. 그리고 6개월 후, 그 친구가 다른 곳에 취직하게 되었을 때는 그 친구의 신원 보증인이 되어 주었습니다. 여기까지는 좋았는데 어떻게 된 일인지 그 후로는 C 씨와 멀어지게 되었다고 합니다.

"C 녀석, 선물을 가지고 한 번 찾아온 이후로는 감감무소식이다. 보증인이 되어 주었으니까 지금 하고 있는 일이 어떤지 얘기를 해주고 또 새해 선물 정도는 들고 오는 것이 당연할 텐데 정말 정나미 떨어지는 녀석이다. 보증인이 된 거 취소해 버릴까 보다."

그렇습니다. 신세를 지고도 연락 한 번 하지 않은 C씨에게도 틀림없이 문제는 있습니다. 하지만 아다치 씨에게도 전혀 문제가 없다고 할 수는 없습니다. 아다치 씨의 행동 여기저기서 보답을 바라거나 은혜를 베풀었다는 듯한 태도가 느껴지기 때문입니다. 그 때문에 C씨가 부담을 느끼게 되어 멀어지게 된 것이 아닐까, 라고 저는 생각하고 있습니다.

C씨와 아다치 씨는 학생 때부터 친구였으니까 C씨가 아다치 씨에게 도움을 주거나 용기를 북돋아 줬을 때도 있었을 것입니다. 그런데도 한 번 신원 보증인이 되어 준 것을 빌미로 마치 자기가 우위에 선 것처럼 행동하는 아다치 씨에게 C씨는 혐오감을 갖게 되었을지도 모르는 것입니다.

반대로 타산적으로 생각하지 않고 '베푸는 즐거움을 얻을 수 있었다', '사람을 도울 수 있어서 기뻤다' 라며 넓은 마음으로 대했다면 지금은 더욱 더 좋은 관계를 유지할 수 있었을 것입니다.

아다치 씨는 베푼 것에 대한 보답을 기대하고 있었기 때문에 C라는 절친한 친구를 잃게 되었습니다. 당신도 보답은 절대 기대하지 말고 단지 상대를 위해서 도움을 주도록 하십시오. 그런 마음가짐이라면 당신이 의식하지 않아도 많은 사람들이 당신 주위에 모여들게 될 것입니다.

제6장

호감을 사기 위한 테크닉 제5단계
인간 관계의 트러블은 이렇게 해결

트러블의 원인은?

인간 관계에서의 트러블의 원인은 대부분 상대에게 있는 것이 아니라
당신 자신에게 있다는 것을 잊어서는 안 됩니다.

저는 심리 카운슬러라는 직업상 지금까지 수많은 분들과 인생상담을 해왔습니다. 그 중에서도 압도적으로 많았던 것이 다음에 기술할 인간 관계에서의 트러블에 관한 문제였습니다.

"직장에서 상사와 언쟁을 벌인 뒤부터 상사가 철저하게 자신을 미워하고 있다."

"상사의 비꼬는 듯한 말투 때문에 노이로제에 걸렸다."

"동료와 술자리에서 언쟁을 벌인 뒤부터 말도 하지 않게

되었다.”

“사소한 일이 원인이 되어 애인과 말다툼을 했는데 이후로 두 사람 사이에 골이 생겼다.”

라는 등. 그때마다 저는 상담자에게 그에 맞는 해결법을 제시합니다만 그와 함께 다음의 두 가지 점을 반드시 강조하고 있습니다.

“상대의 잘못을 책망하기에 앞서서 자신에게도 잘못이 있지 않았나 냉정하게 생각해 보십시오. 당신의 심적 태도가 불화를 낳았을 가능성도 있는 것입니다.”

“인간 관계에서의 트러블에는 반드시 어떤 교훈이 숨어 있다는 것을 잊지 말아 주십시오.”

먼저 전자에 대해서 말하자면 여러분께서도 알고 있으리라 생각됩니다만 ‘인간 관계는 거울과도 같은 것이다. 상대의 당신에 대한 태도는 당신의 상대에 대한 태도가 반영된 것일뿐이다. 따라서 상대와의 관계를 개선하려면 당신이 먼저 의식 개혁을 할 필요가 있다’ 라는 것을 설명하고 있는 것입니다.

후자에 대해서 말하자면 이 세상에서 일어나고 있는 모든 일에는 어떤 의미가 담겨져 있고, 그것은 인간 관계에서의 트러블도 예외는 아니라는 것입니다. 싫어하는 사람에게 배울 점은 더 많은 것입니다. 즉, 마음이 맞지 않아 쳐다보기도 싫은 상사에 대해서는 '내 인간수양을 위한 대상이 되어 주고 있다. 이 사람과 좋은 관계를 유지할 수 있다면 자신감이 생겨서 그 어떤 사람과도 잘해 나갈 수 있을 것이다' 라고 생각한다면 '인생의 교훈' 을 얻을 수 있을 것이라는 사실을 말하고 싶은 것입니다. 어떤 이유에서든 인간 관계에 문제가 생겼다면 쓸데없이 고민하지 말고 상대에 대한 당신의 태도를 개선하기 위한 기회라고 생각해 보지 않겠습니까?

이런 깨달음만 있다면 얼마든지 재난을 복으로 바꿀 수 있을 것입니다.

사고방식

인간 관계는 당신의 사고방식에 따라서 밝게도 어둡게도
되는 것입니다. 중요한 것은 당신이 어느 쪽을 택하느냐입니다.

여기서 다시 한 번 당신에게 질문해 보겠습니다. 길을 걷
고 있을 때 맞은편에서 지인이 걸어오고 있었습니다. 서로
스쳐지날 때 당신이 목례를 했는데도 상대가 무시해 버렸
다고 합시다. 그때 당신은 어떤 감정을 갖게 될까요? 틀림
없이 '내가 인사를 했는데 무시를 하다니……' 라고 생각
할 것입니다. 혹은 '저 사람 어쩌면 나를 싫어하고 있는지
도 모르겠다' 라고 부정적으로 생각할지도 모릅니다.

하지만 관점을 바꾼다면 이렇게 생각할 수도 있을 것입

니다.

"어쩌면 다른 생각을 하고 있어서 내가 인사한 것을 보지 못했을지도 모른다."

"오늘 콘텍트 렌즈를 하지 않았을 지도 모른다."

어떻습니까? 이렇게 생각한다면 무시한 사람에 대한 좋지 않은 감정이 상당히 사라지지 않겠습니까?

그렇다면 당신도 타인의 언행 · 성격을 긍정적인 방향으로 해석하도록 해야 합니다.

예를 들어, 당신이 실수를 해서 상사에게 잔소리를 들었을 때 단지 감정적으로만 생각하는 것이 아니고 상대의 진의를 선의로 생각해서 다음과 같이 해석하는 것만으로도 기분이 매우 달라질 것입니다.

"과장님은 나를 생각해서 주의를 주신 것이다."

"하루라도 빨리 제몫을 하라고 질타와 격려를 해주신 것이다."

상대의 성격이 마음에 걸릴 때도 마찬가지. 그것을 결점으로 받아들이기 때문에 당신도 불쾌해지는 것입니다. 반대로 당신에게는 없는 특성, 즉 인간적 매력으로 받아들인다면 어떨까요?

예를 들어, 당신 주위에 우유부단한 사람이 있다면 '저 사람은 유연성이 있어서 누구하고도 잘 협력해 나갈 수 있는 스타일의 사람이다' 라고 해석해 보는 것입니다. 상대가 적당히 일을 처리할 때도 마찬가지. '관점을 바꿔 본다면 사소한 일에는 신경 쓰지 않고 마음이 넓다는 증거다' 라고 해석하면 불쾌한 마음도 상당히 가라앉을 것입니다.

이와 같이 상대의 언행이나 성격을 선의라고 해석하도록 노력한다면 그것만으로도 대인 관계의 악화를 미연해 방지할 수 있을 것입니다.

상대를 추켜세울 것

상대를 추켜세워 주십시오.
그것만으로도 당신에 대한 상대의 태도가 크게 바뀔 것입니다.

예전에 TV 토크쇼를 보고 있자니 긴자銀座에 있는 일류 클럽의 마담이 출연해 이런 이야기를 했습니다.

"능력 있는 사람, 인망이 있는 사람은 접대에도 능숙합니다. 그 사람들을 잘 관찰해 보면 접내객을 굉장히 추켜세우고 있습니다. 상대편 옆에는 미인을 앉히고 자신의 옆에는 가장 못생긴 여자를 앉게 하는 등 상대가 우월감을 갖게 하는 방법을 잘 알고 있습니다."

그렇습니다. 듣고 보니 확실히 옳은 이야기였습니다. 이

것이 만약 반대로 이루어진다면 접대를 받는 사람이 즐거워할 리 없을 것입니다. 아니 오히려 미인을 옆에 앉히고 혼자 좋아하고 있는 사람에게 혐오감까지 느끼게 될 것입니다. 그렇게 된다면 갈등의 원인이 되고 말 것입니다.

그러니까 이 이야기를 교훈으로 당신도 상대를 추켜세우도록 노력해 보면 어떻겠습니까?

예를 들어, 회의 등에서 상사와 의견이 엇갈릴 때, 그것도 상사의 생각이 잘못되어 있을 때 '부장님이 잘못 생각하고 계신 겁니다. 그런 것을 지리멸렬이라고 합니다' 라고 말한다면 상사의 체면이 구겨지기 때문에 언쟁의 원인이 되고 말 것입니다. 따라서 그럴 경우에는 '주제넘는 말입니다만……' 이라고 말한 뒤에 '저는 이쪽 안이 바람직하다고 생각합니다만……' 이라고 부드럽게 자신의 의견을 말하도록 하는 것입니다. 그러면 적어도 상사의 마음을 상하게 하는 일은 없을 것입니다.

친구를 단골 가게에 데리고 갔을 때도 마찬가지. 가게 사람들에게 '이 사람은 옛날부터 친하게 지내던 녀석입니다. 공부도 운동도 저보다 훨씬 잘했던 녀석이죠', '지금도 능력이 좋아서요, 이런이런 일을 하고 있어요' 라고 말해 주십시오. 친구는 금방 기분이 좋아질 것이고 '이 가게에 온 보람이 있었다' 라고 생각하게 될 것입니다.

다시 말하자면 자신을 내세우기보다는 자세를 낮춰서 겸허한 자세를 유지하도록 하는 것입니다. 즉, 주위 사람들이 '이 사람은 훌륭한 사람이다' 라고 느끼도록 하는 것입니다.

그렇게 하면 언쟁과 같은 트러블을 피할 수 있을 뿐만 아니라 상대는 더욱 더 기분이 좋아질 것입니다.

세상의 모든 현상은 표리일체
表 裏 一 體

세상 모든 현상은 동전의 양면과 같은 것입니다.
상대의 결점이 눈에 띄기 시작했다면 다른 각도로 상대를 관찰하십시오.

직장의 상사·동료·부하·후배 그리고 연인·반려자 모두가 마찬가지로 그(그녀)들과 자주 얼굴을 마주하고 있으면 점점 상대의 결점이 눈에 띄기 시작합니다.

"부장님도 참, 골프 칠 시간이 있으면 컴퓨터라도 좀 배워 두시지."

"×× 녀석, 후배가 들어온 순간부터 거드름 피우는 꼴이란."

"뭐야, 여자한테 제대로 대해주지도 못하면서 웬 폼만

그렇게 잡는 거야!'

이런 생각들이 깊어지게 되면 언쟁이나 트러블로 발전하게 될 가능성이 커집니다.

따라서 혹시 상대의 결점이 보이기 시작했다면 이번 항목의 표제가 된 머피 박사의 말을 좌우명으로 이렇게 생각해 보십시오.

"사람이 갖고 있는 장점과 단점은 동전의 양면과 같은 것이다. 단점이라고 생각했던 것이 의외로 장점이 될 수도 있는 것이다."

'부장님은 언제나 골프만 치고 있다' 라고 비난하기에 앞서 '부장님은 접대 골프를 통해서 우리들의 부족한 부분을 보충하기에 전념하고 있다' 라고 생각하도록 하는 것입니다. 그렇게 생각한다면 감사의 마음이 생겨날 것입니다. 부하에게 거드름을 피우고 있는 동료에 대해서도 이렇게 생각할 수 있을 것입니다. 한쪽 면만을 보기 때문에 불쾌해지는 것으로 '그만큼 부하의 지도를 열심히 하고 있다는 증거다. 그리고 부하가 생김으로 해서 지금까지 느끼지 못했던 부담감을 느끼고 있는 것일지도 모른다' 라고 생각한다면 동정심마저 생기게 될 것입니다.

애인에 대해서도 예외일 수는 없습니다. '여자한테 제대로 대해주지도 못하면서 웬 폼만 그렇게 잡는 거야!' 라고 생각하기 때문에 화가 치밀어 오르는 것으로 '여자를 어떻게 대해야 하는 건지 모르는 것뿐으로 오히려 순수하다는 증거일지도 몰라' 라고 생각한다면 사랑스러움이 넘쳐흐를 것입니다.

다시 한번 말하자면 모든 현상은 앞면과 뒷면, 즉 양면성으로 이루어져 있는 것입니다. 당신이 결점이라고 생각하고 있는 것 속에 의외로 상대의 인간적인 매력이 숨어 있을 가능성도 있습니다. 머피 박사도 이렇게 말했습니다.

"인간 관계 때문에 고민하고 있는 사람은 타인과의 관계가 좋지 않기 때문에 고민하고 있는 것이 아닙니다. 자신과의 관계가 좋지 않기 때문에 고민하고 있는 것입니다."

사람은 천차만별

사람들은 모두 제 각각 다른 매력과 재능을
가지고 있습니다. 단 한 사람도 같은 사람은 없습니다.
따라서 특정한 사람을 타인과 비교해서는 안 됩니다.

몇 년 전, 토카이東海 대학 문명연구소가 20대 남녀 2,000명을 대상으로 '주위 사람들에게 가장 화가 날 때는 언제인가?'라는 설문조사를 한 적이 있었습니다. 그 결과 '다른 사람과 비교하며 비꼴 때'라는 대답이 1위(전체의 27%)를 차지했습니다.

그렇습니다. 이렇게 대답한 사람의 기분을 잘 알 수 있을 것 같습니다.

상사나 연인으로부터

"자네는 계산에서 틀리는 게 너무 많아. A군의 반만 닮아 보게!"

"자네가 작성한 서류에는 오·탈자가 너무 많아. 빠르다고 능사가 아니야. 그런 면에서는 B양이 믿을 만하지."

"자기는 영어 한 마디도 못하지. C양의 애인은 영어를 아주 잘한다는데. 그 사람한테 좀 배워보는 건 어때?"

라는 말을 듣는다면 누구라도 불쾌하게 생각할 것입니다. 아니, 자칫 잘못하면 그것이 원인이 되어 커다란 언쟁을 벌이게 될지도 모릅니다.

왜냐하면 '자네는 우리 직장에서 아무런 도움도 되질 않는 존재다', '××가 자네보다 더 능력이 있네' 라는 보이지 않는 신호를 보낸 것처럼 느껴져 자기중요감에 상처를 받게 되기 때문입니다.

따라서 이런 인간의 심리를 사전에 파악해 두고 당신도 그와 같은 과오를 범하지 않도록 노력해 주십시오. 오히려 그 사람 특유의 매력이나 재능에 눈을 돌려야 할 것입니다.

"그는 계산에서는 곧잘 틀리곤 하지만 손님을 대하는 태도는 A군보다 훨씬 좋아."

"그녀는 B양보다 오·탈자가 많기는 하지만 문장력은

있어.'

"우리 그이는 영어 회화는 못하지만 영어의 읽기, 쓰기는 아주 잘해.'

요점은 사람을 대할 때는 '단점이나 결점과 함께 장점도 갖고 있는 것이 인간이다' 라는 점을 잊지 말고 장점만을 보도록 노력해야 한다는 것입니다.

그렇게 하면 특정한 사람을 다른 사람과 비교하려는 마음이 순식간에 사라져버리고 말 것입니다.

있는 그대로

타인을 색안경을 끼고 판단해서는 안 됩니다.
그런 사람들은 자신이 다른 사람을 얼마나
불쾌하게 하고 있는지 모르고 있는 것입니다.

전국 시대戰國時代, 오다 노부나가의 가신이었던 시바타 카츠이에柴田勝家라는 무장이 있었습니다. 카츠이에는 오다 가織田家의 가장 신임 받는 중신의 자리에 있었지만 노부나가가 죽은 뒤, 토요토미 히데요시와의 권력 쟁탈전에서 패전, 역사에서 사라지고 말았습니다. 히데요시와 비교하자면 카츠이에가 훨씬 신분이 높았습니다. 지금의 회사 조직에 비유하자면 부사장과 평범한 임원 정도의 차였음에도 불구하고 어째서 히데요시에게 지고 말았을까요?

그것은 카츠이에에게는 인망이 없었기 때문입니다. 노부나가는 오와리尾張 국의 영주로부터 시작하여 인접 국가들을 하나 하나 제압해 나갔는데 그에 따라서 새로이 노부나가의 가신으로 편입되는 무장들도 급증하고 있었습니다. 하지만 토박이 중신이라고도 할 수 있는 카츠이에에게 있어서 그것은 마음에 들지 않는 일로, 누구에게랄 것도 없이 이런 폭언을 내뱉었다고 합니다.

"신참은 어차피 신참일 뿐이다. 오다 가織田家에 충성을 다하고 있는 것은 우리들 구신舊臣들이다. 저놈도 히데요시와 마찬가지로 벼락감투를 쓴 녀석으로 건방지다."

이런 말을 듣는다면 새롭게 노부나가의 가신이 된 사람들은 불쾌감을 느끼게 될 것입니다. 그런 점에서 히데요시는 자신이 벼락감투를 쓰게 된 신참이었기 때문에 그들의 기분을 아주 잘 알고 있었습니다. 그렇기 때문에 카츠이에는, 그들의 심정을 잘 이해해 주고 있던 히데요시에 대해서 위와 같은 감정을 품고 있었던 것입니다.

전국 시대의 예를 들었습니다만 이는 현대를 살아가는 우리들에게도 교훈이 될 것입니다. 당신은 '저 사람은 대학을 나오질 않아서 말이 통하질 않는다', '저 사람은 우리

하청업체 사람에 불과하다. 사귀어 봐야 아무런 득도 없다' 라는 식으로 색안경을 끼고 사람을 판단하고 있지는 않습니까? 혹은 연인이나 결혼 상대를 찾을 때, 외모·가문·연봉·직업·소유물을 판단기준으로 하고 있지는 않습니까? 혹시 그렇다면 요주의. 인망을 잃게 될 뿐만 아니라 이런 잘못된 가치관이 원인이 되어 대인관계에 균열이 생기게 될 가능성도 있는 것입니다.

따라서 동성·이성을 막론하고 상대에 대해서 부디 조건을 붙이지 마십시오. 중요한 것은 당신의 주관적인 조건에 맞는가 하는 것이 아닙니다. 서로간의 파장, 즉 느낌이 맞는가입니다. 반대로 말하자면 그런 정신적인 관계를 중요시하는 사람의 주위에는 사람들이 모이게 되어 있는 것입니다.

가치관을 강요하지 말 것

타인에게 가치관을 강요하거나 완벽을
요구해서는 안 됩니다. 상대는 더욱 더 반발할 것입니다.

전에 의류 회사에 근무하는 40대 남자로부터 '부하가 내
생각대로 움직여 주질 않아서 골머리를 썩고 있습니다. 그
뿐 아니라 사사건건 반발하고 있어서 어찌해야 할지 모르
겠습니다' 라는 상담을 받은 적이 있습니다. 그래서 저는
그의 말에 귀를 기울였는데 한 시간 정도 이야기를 듣고 있
자니 그 이유를 명확하게 알 수 있었습니다. 그 남자는 자
신의 가치관을 부하에게 강요하고 또 완벽할 것을 강하게
요구하는 경향이 있어서 부하에게 언제나 이런 식으로 대

한다는 것이었습니다.

"20대에는 휴일에 노는 것도 사치. 능력 개발에 힘쓰도록."

"보고서를 제출할 때는 오·탈자를 꼼꼼히 체크할 것. 한 자라도 틀려서는 안 된다."

"비즈니스맨이라면 한 달에 적어도 10권 이상의 비즈니스 서적을 읽으면서 자기 계발에 힘써야 한다."

그리고 그의 뜻에 따르지 않는 부하가 있으면 몇십 분이고 잔소리를 늘어놓는다고 합니다. 여기에는 부하들도 참을 수 없었을 것입니다. 윗사람이라고는 하지만 그에 대한 반발심이 점점 커질 것입니다. 그래서 저는 그 남자에게 '아무리 인생 체험이 풍부하다 하더라도 당신의 생각이 100% 정확하다고는 말할 수 없습니다. 그러니까 당신만의 가치관으로 부하에게 완벽을 요구하는 것은 바람직하지 않습니다' 라고 조언했습니다. 또 이와는 전혀 반대의 예도 있습니다.

여자 마라톤 감독으로 우리에게 잘 알려진 코이데 요시오小出義雄 감독의 선수에 대한 지도법이 그것입니다. 코이데 감독은 '선수를 길러내는 요령은? 이라는 기자단의 질문에 대해 '선수들은 한 사람, 한 사람이 자라온 환경 · 처한 환경이 다르고 인생관도 다릅니다. 그렇기 때문에 우선은 선수 각각의 그것을 받아들이는 것이 중요합니다. 결코 다른 사람의 사고방식을 주입시켜서는 안 됩니다' 라고 말했습니다. 이런 자세로 선수들을 대했기 때문에 선수들도 코이데 감독을 존경하고 신뢰할 수 있었을지 모릅니다.

참고로 이는 남녀간의 교제에도 적용될 수 있는 말입니다. 곧잘 '자동차가 없는 사람은 통과', '국립대 졸업생이 아니면 자격미달' 이라는 식으로 상대에게 자신의 가치관을 강요하거나 완벽을 요구하는 사람들이 있습니다만 이런 사고방식으로 상대를 대하는 한은 상대와의 거리가 벌어질 뿐입니다. 당연한 말입니다만 마음과 마음의 교감이 도외시되기 때문입니다.

마음을 열 것

타인에 대해서 당신이 먼저 마음을 여십시오.
그러면 상대도 마음을 열어줄 것입니다.
그렇게 되면 두 사람 사이에 생긴 앙금이 사라질 것입니다.

저는 젊은 사람들에게 종종 이런 어드바이스를 하곤 합니다.

"공과 사를 막론하고 신뢰할 수 있는 사람이 식사를 하자고 할 때는 가능한 한 그에 응하는 것이 상책입니다. 혹시 두 사람의 관계가 삐걱거리고 있었다면 그것을 해결할 기회가 될 수도 있습니다. 단, 성희롱이나 계략이 느껴지는 경우라면 별개입니다만."

제가 이렇게 이야기하는 데는 그 나름대로의 이유가 있

습니다. 따라서 두 사람간의 오해가 풀리는 경우가 자주 있다는 것을 말하고 싶은 것입니다.

실제로 '밉다' 라고 생각하고 있던 상사나 동료와 함께 식사를 하면서 '과장님, 잔소리만 하는 줄 알았더니 의외로 나에 대해서 신경을 쓰고 계셨구나' 라든지 '동료가 이렇게 좋은 녀석인 줄 몰랐다. 오해하고 있었던 내자신이 부끄럽다' 라고 생각하게 되는 사람들도 꽤 있을 것입니다.

단, 오해해서는 안 될 것이 식사하는 자리 그 자체가 중요하다는 것은 아닙니다. 머피 박사가 말한 것처럼, 당신이 먼저 마음을 여는 것이 중요한 것입니다. 당신이 마음을 연다면 상대의 경계심도 차차로 줄어들게 될 것입니다. 그와 함께 안도감을 갖게 됩니다. 그렇게 된다면 상대도 자신의 본심을 조금씩 말하게 될 것이고 어느 틈엔가 마음과 마음의 거리가 좁혀지게 될 것이라는 것을 강조하고 싶은 것입니다.

그러기 위해서는 자신을 꾸미거나 쓸데없는 과시를 하

거나 해서는 안 됩니다. 오히려 '사실은 컴맹이야', '외모 가 이 모양이라 남자들에게 인기가 없다', '말주변이 없어 서 영업에 고생을 한다', '학력에 대한 콤플렉스가 있다' 라는 식으로 자신의 약점이나 단점을 솔직하게 말하는 것 이 좋을지도 모릅니다.

그렇게 말하면 상대는 틀림없이 이렇게 생각할 것입니 다.

'이 사람은 내게 자신의 본심을 드러내 보였다. 가장 말 하기 힘든 부분까지도 내게 말해 주었다. 나도 지금까지의 응어리를 풀고 이 사람에게 본심을 드러내 보이자.'

인간 관계는 거울과도 같은 것입니다. 당신의 태도가 바 뀐다면 상대의 태도도 바뀔 것입니다.

약점이나 핸디캡을 말하지 말 것

상대가 열등감을 느끼고 있는
부분에 대해서는 절대로 말해서는 안 됩니다.
비극과 불행을 부르는 주문이 될 것입니다.

앞의 내용과는 반대로, 상대의 약점이나 핸디캡에 대한 이야기를 한다면 커다란 트러블의 원인이 될 것입니다. 특히 화가 나 있는 상태나 화가 나 있을 때, 사람은 감정적인 말을 하게 되는 경우가 많은데 이것에는 아주 수의를 기울여야만 합니다. 되돌릴 수 없는 비극과 불행을 부르게 되는 경우도 있기 때문입니다.

한 식품 회사에서 실제로 있었던 일을 소개해 보겠습니다. 하루는 판매 회의의 자리에서 상사와 부하의 의견이 맞질 않아서 언쟁을 벌인 적이 있었습니다. 오랫 동안의 의논 끝에 상사의 의견이 만장일치로 통과되었는데 문제는 그 직후에 일어났습니다. 상사가 이성을 잃고 그만 '잘 봤지? 고졸은 그만큼의 계획밖에 세우질 못한다고' 하고 말을 해 버리고 말았던 것입니다. 이 한 마디에는 부하도 참지 못하고 '과장님! 그렇게 말하는 당신은 뭐가 그렇게 잘났습니까? 저는 고등학교밖에 나오질 못했지만 당신보다는 훨씬 기획력이 뛰어납니다' 라고 거친 말을 뱉어, 주먹다짐 직전의 상황까지 갔었다고 합니다.

그 결과 소동의 경위가 사장에게까지 전해져 부하는 지방으로 좌천, 상사도 부하에 대한 지도법에 문제가 있다고 판단되어 강등조치를 받게 되었습니다. 저는 '손바닥도 부딪쳐야 소리가 난다' 고 양쪽 모두에게 잘못이 있었다고 생각합니다. 시비를 걸려고 했던 것은 아니었습니다만 서로가 상대가 열등감을 느끼고 있는 부분을 이야기하며 소리를 질렀기 때문입니다.

이는 상사와 부하간의 이야기입니다만 이것은 친구·지인·연인·부부간에도 적용할 수 있는 말입니다. 누구에게라도 다른 사람에게는 알리고 싶지 않은 부분이 있습니다. 콤플렉스를 느끼며 남달리 열등감을 갖고 있는 부분이 있습니다. 따라서 타인의 그런 부분을 빨리 파악하여 그에 관계된 이야기는 하지 않도록 해야 합니다. 의식적으로라도 그에 관한 이야기는 피하도록 하는 것이 필요합니다. 그것이 가능하다면 인간 관계에서의 트러블이 상당히 줄어들 것입니다.

뒤집어 말하자면 사람은 자신이 열등감을 느끼고 있는 부분에 대해 이야기하지 않는 사람, 자신의 결점이나 핸디캡을 감싸주는 사람에게 호감을 갖고 접근하고 싶어하는 것입니다.

다른 사람과 비교하지 말 것

타인과 자신을 비교해서는 안 됩니다.
당신은 다른 사람에게는 없는 자질·재능을 갖고 있습니다.

옛날부터 서양에 전해 내려오는 민화가 있습니다.

하루는 코끼리와 쥐가 누가 떠 뛰어난가에 대해서 언쟁을 벌이고 있었습니다. '나는 그 어떤 동물보다도 크단 말이야' 라며 자랑스럽게 말하는 코끼리에게 '나는 몸이 작아서 적이 오면 어디에고 숨을 수 있단 말이야' 라며 쥐가 반론했습니다. 둘 모두 조금도 양보하려 들지 않았습니다. 코끼리가 커다란 나무를 긴 코로 들어올리며 '잘 보라고. 나는 이렇게 무거운 것도 들 수 있단 말이야. 너는 못 들지? 라고 자랑스레 말하자 쥐도 지지 않고 얇은 밧줄을 기어 오르며 '그럼 너는 이 밧줄에 오를 수 있어? 라고 반론했습니다. 긴 말다툼 끝에 코끼리와 쥐는 결국 각자에게 일장일단이 있다는 것을 깨달았다는 이야기입니다. 이 이야기를 역설적으로 해석하면 인간 관계에서의 트러블 방지에 큰몫을 하게 되지 않을까요?

"나보다 그녀가 계산이 빠르고 정확해."

"그가 나보다 말주변이 좋다."

"나보다 친구가 스키를 훨씬 더 잘 탄다. 여자들 앞에서 창피하다."

라고 생각하기 때문에 비참한 기분이 드는 것입니다. 그리고 곧 상대의 발목을 잡아 끌어 내리고 싶어지는 것입니다. 그렇게 되면 상대와의 관계가 삐걱거리게 되는 것은 주의사항입니다.

따라서 그런 마음이 들 때는 코끼리가 커다란 나무를 들어 올린 것을 자랑스레 생각한 것처럼 쥐가 얇은 밧줄에 오르며 자신의 능력을 과시한 것처럼 당신도 당신이 자신을 갖고 있는 일이나 특기에 눈을 돌려보십시오.

"틀림없이 그녀가 나보다 계산이 빠르고 정확하지만 나

는 영어 회화나 번역을 할 수 있어."

"그가 나보다 말주변이 좋지만 문장력에 있어서는 내가 위다."

"스키는 친구보다 못 타지만 바다에서라면 자신 있다."

이렇게 생각한다면 비록 다른 사람보다 좀 뒤떨어지는 일이 있다 하더라도 콤플렉스는 해소될 것입니다. 그뿐 아니라 상대의 뛰어난 점을 인정하고 존경하는 마음까지 들게 될지도 모릅니다. 그 긍정적인 감정이 원만한 인간 관계를 지속시켜 줄 것입니다.

매너를 몸에 익힐 것

언제, 어디서나 매너를 잊어서는 안 됩니다.
그것을 소홀히 하는 순간 대인 관계에 금이 가게 됩니다.

직장 생활을 하는 사람이라면 잘 알고 있으리라 생각됩니다만, 송년회나 사원 여행의 연회 등의 자리에서 상사가 곧잘 '오늘은 편한 마음으로 맘껏 먹고 마셔도 상관없다'라고 말하는 것을 볼 수 있습니다. 그런데 개중에는 이 말을 진심으로 받아들여 무례한 행동을 보이는 사람을 볼 수 있는데 이는 언어도단입니다.

지금부터 T씨의 예를 소개하겠습니다만 이 T씨도 이런 무례가 원인이 되어 상사의 미움을 사게 되었고 결국에는 해고를 당하는 사태에까지 이르고 말았습니다. 그는 한 인쇄회사에서 영업을 담당하고 있었는데 송년회에서 고주망태가 되어 술김에 직속 상사인 부장에게 '오늘은 솔직하게 말하겠는데요'라며 일에 대한 불만을 전부 쏟아놓기 시작했습니다.

그것도 '부장님은 떡하니 의자에만 앉아 계셔서 발로 뛰는 우리들의 고충은 조금도 모른다', '우리들을 재촉하지만 말고 직접 발로 뛰어라' 등 하나하나 부장의 감정을 거슬리게 하는 것들 뿐이었습니다. 부장도 처음에는 말 없이 듣고 있었지만 참는 데도 한계가 있습니다. 점점 불쾌한 표정을 보이더니 결국에는 커다란 언쟁이 벌어지고 말았습니다.

T씨가 회사로부터 정리해고라는 명목으로 해고 통지를 받은 것은 그로부터 2개월 뒤의 일이었습니다. 작년의 불황의 여파 때문에 T씨가 근무하고 있던 인쇄 회사도 정리해고라는 방책을 단행하고 있었는데 부장이 인사과에 '우리 부서에서 사원을 줄이게 된다면 T밖엔 없네. 녀석은 잘라도 상관없어' 라고 직접적으로 말한 것입니다.

그 부장을 유치하다고 말한다면 그것으로 그만이지만

잘잘못을 따지자면 잘못은 역시 T씨에게 있었다는 것을 부인하지는 못할 것입니다. 술김에 부장에게 무례하기 그지없는 폭언을 퍼부었기 때문입니다.

당신도 이 예를 거울로 삼아 아무리 편한 자리라 하더라도 상사에게는 물론 모든 사람들을 대할 때는 말과 태도가 예의에 어긋나지 않도록 주의하십시오. 오히려 편한 자리일수록 상대의 자부심을 높여주거나 상대의 마음을 읽고 행동하는 등 기쁨을 줄 수 있도록 하십시오.

사람들은 언제, 어디서건 당신에게 주목하고 있습니다. 아니, 편한 자리일수록 당신의 언행에 주목하고 있는 사람이 있다는 것을 잊어서는 안 됩니다.

싸움의 처리법

싸움·불화라는 재난 속에는
화해·우정·친밀의 싹이 숨어 있습니다.

직장의 동료, 친구·지인, 연인을 막론하고 사람과의 사귐이 있는 곳에는 싸움이 없을 수 없습니다.

물론 싸움을 하지 않는 것보다 좋은 것이 없겠지만 혹시 싸움을 하게 되었을 때는 그 후의 대응·처리 방법에 따라서 두 사람의 관계가 크게 달라지게 됩니다.

따라서 이번에는 머피 박사의 말을 인용해 가며 타인과 싸움을 했을 때의 대처법에 대해서 기술해 보도록 하겠습니다.

▐ 당신이 먼저 사과할 것

‘당신이 상대에 대해 신경이 쓰인다면 마찬가지로 상대도 같은 기분을 품고 있을 것입니다’ 라고 머피 박사가 말했듯이 당신이 상대와 싸움한 것을 후회한다면 상대도 그와 같은 감정을 가지고 있을 것입니다. 따라서 쓸데없는 고집은 버리고 ‘어제는 미안했어. 나도 모르게 감정적으로 변해서……’ 라고 당신이 먼저 사과를 하도록 노력해 주십시오.

당신이 이 한 마디를 한다면 상대도 그와 같은 말을 하게 될 것입니다.

▐ 간접적으로 사과할 것

직접 사과를 하기 힘든 사람일 경우에는 편지, 팩시밀리, 메일 등을 이용하면 좋을 것입니다. 혹은 제3자를 통하는 방법도 있습니다. 그 경우에도 먼저 당신의 사과와 반성의 뜻을 확실하게 상대에게 전하도록 하는 것이 중요합니다.

머피 박사도 다음과 같이 말했습니다.

‘타인과 서먹한 관계가 되었다면 두 사람 모두에 대해서

잘 알고 있는 사람에게 도움을 청하십시오. 서로의 마음을
풀어주는 경우가 종종 있습니다.'

| 상대를 용서할 수 있을 때까지 시간의 흐름에 몸을 맡길 것

아무래도 자기가 먼저 사과하기 힘들다라고 생각되는
사람은 조금 시간을 두고 생각하는 것도 좋을 것입니다.
단, 그 기간을 싸운 문제로 고민하며 보내는 것이 아니고
될 수 있으면 상대를 용서하는 마음을 갖도록 하는 것이 중
요합니다. 머피 박사도 '아무리 해도 타인을 용서할 수 없
는 사람은 언제까지고 아픔이 가시지 않는 상처를 갖고 있
는 것과 마찬가지입니다. 그런 인생이 즐거울 리가 없을 것
입니다' 라고 지적했습니다. 도저히 용서할 수 없는 상대를
용서하는 방법에 관해서는 후에 기술하도록 하겠습니다.

| 상대의 장점을 재인식하고 감사의 마음을 가질 것

싸움을 한 후에는 아무래도 상대의 나쁜 점만 눈에 들어
오게 됩니다. 그럴 때일수록 상대의 좋은 점을 상기해서 감
사하는 마음을 갖도록 노력해야 합니다.

"생각해 보면 부장님이 이끌어 주신 덕분에 계장이 될

수 있었다.”

“내 일을 여기까지 발전시킬 수 있었던 것은 한참 힘들 때 그녀가 정신적인 도움을 줬기 때문이다.”

이렇게 생각한다면 적어도 화는 가라앉힐 수 있을 것입니다. 머피 박사도 다음과 같이 이야기했습니다.

“감사하는 마음은 당신의 고민을 한순간에 풀어주는 힘을 가지고 있습니다.”

이상 네 가지 대처법에 대해서 이야기했는데 ‘비온 뒤에 땅이 굳는다’, ‘새옹지마’라는 말처럼 싸움 덕분에 두 사람이 더욱 친해질 가능성도 있는 것입니다.

화해의 비결

여기서 토쿠카와 이에야스와 이시다 미츠나리石田三成에 관련된 에피소드를 소개하겠습니다.

1600년, 천하를 놓고 다퉜던 세키가하라關ヶ原 전투는 이에야스가 이끄는 동군의 대승리로 끝났고 서군 대장 미츠나리는 비와琵琶호 근처 산중에서 생포되어 동군에게 끌려가게 되었습니다.

이때 동군의 대부분의 장수들은 묶인 채 끌려온 미츠나리에게

"할복할 용기도 없어서 이런 수치를 당하다니. 한심한 녀석."

"잡혀온 몸이 되신 지금, 기분이 어떠신가?"

라는 식의 말을 마구 퍼부었습니다. 하지만 미츠나리의 최대의 숙적인 이에야스만은 달랐습니다.

놀랍게도 다음과 같은 말을 했습니다.

"전투라는 것은 그날의 날씨와도 같은 것. 까딱했으면 우리가 질 뻔했습니다. 진심으로 드리는 말씀입니다. 미츠나리 님도 참 대단하신 분입니다. 10만 대군을 인솔하셨으니……. 장수로서 더 이상 바랄 것이 없을 것입니다."

"미츠나리 님만큼 토요토미를 생각하는 가신도 없을 것입니다. 당신과 같은 충성심을 가진 사람이 우리 쪽에도 있었으면 좋겠습니다."

이런 말을 하고 이에야스는 바로 그 자리를 떴는데 그후 미츠나리가 이에야스의 측근에게 이렇게 말했다고 힙니다.

"역시 이에야스 님은 명군名君이시다. 싸움에서는 졌지만 장수로서 살아온 보람이 있었다. 이제 후회는 없다. 참수형을 고맙게 받아들이겠다."

어째서 이시다 미츠나리는 마지막으로 자신의 숙적이었던 이에야스를 칭찬한 것일까요? 그것은 이에야스가 다른 동군의 장수들과는 정반대 되는 말을 모든 장수들이 모인 자리에서 했기 때문입니다.

당신도 이미 알고 있으리라 믿습니다만 이에야스가 미츠나리의 자기중요감을 높여줬기 때문입니다. 무사로서의 자부심, 자존심을 인정해 줌으로써 패자가 갖게 되는 수치심을 느끼지 못하도록 신경을 쓴 것입니다.

이에야스와 똑같이 행동하라는 것은 아닙니다만 당신도 이에야스의 이런 자세를 본받을 필요가 있습니다.

예를 들어서 당신이 A라는 사람과 싸움을 했다고 한다면 주위 사람들에게 A씨의 험담을 하는 것이 아니고 반대로 칭찬을 하라는 것입니다.

"그 녀석과 싸움을 하기는 했지만 그 녀석에게는 이런 좋은 점이 있다."

"그 사람과는 의견이 잘 맞지 않는 부분이 많지만 이런 점에 있어서는 뛰어나다고 생각해."

다시 말하자면 상대의 자기중요감, 즉 프라이드·자존심에 관계되는 부분만은 인정해 주는 것입니다. 그렇게 하

면 소문이 소문을 낳아서 당신의 말이 A씨의 귀에도 들어
갈 것입니다. A씨의 귀에 들어가게 된다면 A씨도 '아! 이
사람이 나를 이렇게 높이 평가하고 있었구나', '생각해 보
면 내게도 잘못이 있었어' 라는 마음을 갖게 될 것입니다.
그렇게 된다면 의외로 A씨가 먼저 화해를 요청해 올 수도
있는 것입니다.

머피 박사도 다음과 같이 말했습니다.

'타인을 향한 증오심은 마음속의 독입니다. 용서와 칭찬
은 해독제입니다. 이 해독제를 사용한다면 모든 증오심이
사라질 것이고 서로의 마음속에 화해의 마음이 생길 것입
니다.'

마이너스 감정의 처리 방법

인간 관계가 언제나 원만하게 이루어진다고는 할 수 없을 것입니다. 어떤 사람에게라도 사소한 갈등이 원인이 되어 상대에 대해서 크든 작든 미움, 화, 원망의 감정을 품게 되는 경우가 있습니다.

"내가 며칠을 고민해서 세운 기획안을 상사가 낚아채갔다. 얄미워 죽겠다."

"후배 녀석, 지금까지 친절하게 돌봐 주었는데 뒤에서 내 욕을 하다니."

"이렇게 많은 도움을 줬는데도 나를 버리고 다른 여자와 사귀다니. 어떻게 그럴 수가 있지?"

라는 등의 감정이 이에 해당합니다. 하지만 그렇다고 해서 이런 감정만을 품고 있는다면 당신에게는 아무런 도움도 되질 않습니다. '좋지 않은 일을 생각하면 좋지 않은 일이 일어납니다' 라고 머피 박사가 지적한 것처럼 정말로 좋지 않은 일이 당신을 덮치게 될 것입니다.

따라서 이런 마이너스 감정을 처리하는 방법을 알려 드리겠습니다.

우선 상대에 대한 당신의 생각·감정을 모두 종이에 써 보십시오. 다른 사람에게 보이기 위한 것이 아니니 솔직하게 쓰는 것이 좋을 것입니다. '바보같은 녀석. 그런 어처구니 없는 일을 하다니! 라는 식으로 자신이 갖고 있는 미움을 험담하듯 써내려가는 것입니다.

다음으로 '나는 이런 이유로 ○○를 원망하고 있었습니다. 제발 신의 끝없는 사랑으로 이 미움을 없애 주십시오. 저는 이미 ○○를 용서했습니다. ○○도 저를 용서할 것입니다. 우리들은 이미 화해했습니다' 라고 생각하며 그 종이를 태워 주십시오.

종이가 다 탔다면 마지막으로 '나의 추한 마음이 신의 신성한 불에 타버려 마음이 시원해졌습니다. 감사합니다'라고 생각하는 것입니다.

이 행동 속에는, 종이에 기록함으로 해서 마이너스 감정을 형태화하고, 그 형태화한 종이를 태워버림으로 해서 마이너스 감정을 없애버린다는 의미가 있습니다. 당신도 속는 셈치고 한 번 해 보세요. 당신 마음속에 있던 미움이 틀림없이 사라질 것입니다.

옮긴이 · 박현석
목원대학교 국어국문학과 졸업.
번역 전문가, 에이젼트.
옮긴책으로는 『당당하고 자신있는 유쾌한 표현술』, 『어리석은 자의
철학』, 『성공하려면 집중력으로 승부하라』, 『월든』등이 있다.

■ ■

사람의 마음을 사로잡는 호감의 기술

원제 人に好かれる魔法の言葉

초판 인쇄일 · 2007년 6월 01일
초판 발행일 · 2007년 6월 05일

지은이 · 우에니시 아키라植西 聰
옮긴이 · 박현석
기획 · 김정재
디자인 · 하명호
마케팅 · 조대현, 정윤성
펴낸이 · 하중해
펴낸곳 · 동해출판
주소 : 경기도 고양시 일산동구 장항1동 621-32
전화 : (031)906-3426 | 팩스 (031)906-3427
e-Mail : dhbooks96@hanmail.net
출판등록 : 제302-2006-48호

ISBN 978-89-7080-162-9 (03910)

* 값은 뒤표지에 있습니다.
* 잘못된 책은 바꿔드립니다.